U0069869

從西港到耶路撒冷

黃金田牧道及以色列紀行

王世勛—著

前衛出版
AVANGUARD

Thank you

感謝

台北市中心綜合醫院
約書亞疝氣手術中心主任 林鼎湑醫師

台灣金控銀行 呂桔誠董事長

台灣自來水公司 郭俊銘董事長

台灣信義會慕義堂讚美牧區執事 莊錦泰

台中市政府文化局

台中市議員張耀中服務處

基督教台中聖教會卸任執事 林信造

台中市頌恩中醫診所院長 林立峰醫師

2015年世界建築設計銀獎得主 許育嘉建築師

以豐盛的熱情和經費，贊助本書出版

自序：台灣——遠東的以色列

二〇一三年四月十五日開始，連續三年，我帶著上帝給我的異象，還有祂這活在永恆的老人家，從天上丟下來給我的三十幾萬元，先後去了以色列三次。第三次前去，教會傳道士問我說，那裏伊斯蘭國恐怖分子十分猖獗，你不害怕嗎？

答案很清楚：「怕死了！」我和同行的老郭在約旦的曠野中形孤勢單，在義大利裔天主教徒所開的歐寶老爺車踽踽獨行，聯合國的軍隊插著ＵＮ大旗的軍用車，與約旦軍隊正在旁聯合巡邏。若發現伊斯蘭恐怖分子，立刻以卡車上的機槍加以掃蕩。一望無際、人煙全無的沙漠曠野，令人心神不寧而畏懼。

上帝給我的異象，是在二〇一三年初，我與黃金田牧師傳道六十年的口述歷史，已接近完成階段。這項工作來自好朋友文學家宋澤萊的建議。長年未執筆爲文的我，老牛拖破車的勉力爲之。既然要完成，總該要爲這本書取個書名，就像懷胎九月，要爲即將出生的嬰兒取名。

某一個深夜時刻，上帝爲這本小書取了一個不錯、有品味的書名：《從西港到耶路撒冷》。但這個高品味的書名，爲了她——耶路撒冷——這個千歲名姬，害得人類不斷爲她血流成河的聖地，我只能在接下來某天深夜，在我那張凌亂不堪床上，向上帝禱告：「主阿，祢若是愛我去耶路撒冷、愛乎我錢、嘸我是無錢！」糊里糊塗如此喃喃自語禱告後，又倒頭昏睡。

第三天中午，幾乎不曾請我吃飯的老郭，打電話邀我約一位做建設的老友泰公在蘭姥姥吃午餐，老郭準備投資泰公的公司數百萬元建案，百分之十給我這善意不知情的第三者。

我從來沒有遇見如此對我好的無厘頭的事情，只能認定是上帝祂老人家從天上丟錢，給我去以色列的旅費。至於老郭及泰公，就是祂老人家的散財天使了。（他們名列扉頁，一眼就該知道是何許人也。）

連續三年的以色列之行，我一頭栽進以色列的狂熱中，四處蒐集有關以色列的福音書籍，珊朵拉博士的《爲什麼要關懷以色列》、葉光明和利迪亞牧師娘的《相約在聖城》等著。至於非福音書籍，國家地理頻道雜誌出版的超大型巨冊《尋訪眞實生活中的耶穌》、魔鬼政治家季辛吉推薦的《耶路撒冷三千年》（季名言：「權力是最好的春藥。」至今仍令世上許多政治人物亢奮不已，民進黨新生大人物更不落人後、男女所在皆有。）另外，還有立場相當激烈看待中東問題的《耶路撒冷的移居者》、《革命分子耶穌》……等著作。

以色列人口八百多萬，獨立抗衡中東三億以上人口的阿拉伯國家，而且戰無不勝、攻無不克。甚至在六日戰爭後，成爲舉世無敵的雙首都國家，連美國新任總統川普都爲此心迷不已，狂言將承認耶路撒冷爲正式的首都。但正如川普諸多反覆無常的政治宣告，以色列目前還是眞（耶路撒冷）、假（特拉維夫）雙首都。說大話的川普，並沒有改變國際政治現實的能力，只能把五十九戰斧射向敘利亞、過過乾癮。

以色列人民幾乎各個都像精忠報國的現代岳飛，打起仗來的口頭禪就是：「跟我來！」而不是「你先上」。非僅如此，以色列的武器極爲先進，尤其是飛彈系統，連仇家阿拉伯人都覬覦偷買他一票。因爲有十分堅定的信仰，相信死後仍天國，所以在槍林彈雨中無所畏懼。

聖經中上帝說的一句話：「凡祝福以色列的，我必祝福他。」使美、英、加等西方政治領袖支持以色列不遺餘力，他們深信支持以色列會帶來上帝的祝福。

連續三年的以色列及耶路撒冷之行，使我對生命的瞭解更爲深入。二〇一五年五月中旬，在以色列南方小鎭遇見的猶太女醫師漢娜，她帶領我和同行的老郭去穆薩德（國家安全局）附近，二戰大屠殺紀念館令我們震撼不已。至於她擔任志工爲病童做的犧牲奉獻，更令我們深爲感動。那些形同癱瘓的幼童，在她特殊的外科醫療後可以正常活動，簡直就是奇蹟。漢娜醫師將伊斯蘭國的崛起，歸咎於歐巴馬的姑息，如今狂人上台，中東情勢顯然會有所改變。在司馬文武作序的《新創企業之國》這本書中，詳盡地敘述以色列的科技創新產業的產值，已經達到令人難以相信的高峰，其中尤以軍事相關產業的產值爲最。

以前，不斷有人提出，台灣應該成爲東方的瑞士這觀念，二十一世紀的今天，台灣的自我定位，我個人認爲應當是遠東的以色列。以中東這個強盛的小國家爲師，具有堅定的信仰價值，清楚而明白的國家意識，大力推展國防產業，甚至以民生經濟息息相關的已列獨特發明的水滴灌溉法，帶動精緻農業經濟。

台灣很多人對於建立台灣國有無比的熱情，倒是寫過《兩國論》的蔡英文對此默然不認。建國是一個極大的工程，在沒有以色列這個國家以前，耶路撒冷就有非常優質的希伯來大學，建立專精各門行業的科技基礎，大聲喊建國，有其必要，也更要加入聯合國。以色列明年建國滿七十年，這個強盛的小國家，希望台灣更能謙卑、謙卑、再謙卑的好好加以學習。

這一本小書，希望帶來這樣的訊息，給每一個渴望建國的台灣人，有一個好的又完整的思考方向！

前言：聖經及路加的啟發

聖經《路加福音》和《使徒行傳》，出自於路加之筆。路加，是受過羅馬帝國高等教育的知識分子、擁有醫師身分的外邦人（非猶太人），然而實事求是精神與聖靈感動，讓未曾跟隨過基督耶穌的這位執筆者，清楚記錄耶穌在世的言語、事蹟，也是使徒保羅最重要的同工，他同時也是照顧保羅身體健康的私人醫師。

研究路加，何不效倣路加？

擔任過記者、民意代表，曾皈依佛教的王世勛，在深刻的思索、實事求是的研究動力下，認識了耶穌、基督教，受洗成爲基督徒。在文學家宋澤萊的鼓勵下，他以路加精神，深度採訪、記錄黃金田牧師六十餘載爲主做工的生命。

《從西港到耶路撒冷：黃金田牧道及以色列紀行》，這不是一本個人傳記，而是一位牧者，以及牧者生涯所認識的部份基督徒們，他們與基督耶穌的交會與生命改變。他們與基督的生命旅程跨越時代、世代，在台灣各城市鄉鎮、不同的職業、背景及人生歷練，不同故事淬鍊更精采的生命。也跨越了國度，遠至以色列耶路撒冷，從今日現實中的耶路撒冷，又橫跨至耶穌及後耶穌時代使徒的耶路撒冷。無論是基督徒或非基督徒，皆是值得一探的旅程，認識或重新認識《聖經》故事。

《從西港到耶路撒冷》的上篇「從聖經看以色

列」，作者與黃金田牧師再度走訪以色列，跟隨耶穌腳蹤，認識耶路撒冷，認識聖經中的耶穌。無論你是不是基督徒、慕道友，皆可從幾位基督徒的「帶路」，進一步認識聖經及耶路撒冷，這個神祕、複雜又有趣的城市。

《從西港到耶路撒冷》下篇「**黃金田牧師之旅程**」，黃金田牧師的信仰、成為牧者的生命經歷，也是台灣聖教會、台灣基督教的歷史見證。我們可以看到，基督徒、牧師，也皆有信心軟弱之際，遭遇試探或病痛、苦難；然而，我們也可以看到，從信仰而來的剛強與勇氣，讓我們遠離試探及苦痛。

「**後記：一個掙扎的靈魂**」，是作者王世勛追求信仰的簡記，在探尋、研究聖經的過程，仍有許多書寫、記錄及研究，礙於篇幅未能完整呈現。特別收錄宋澤萊老師的短文及問答為「附錄」，以解答「聖靈內住」，這個基督信仰的核心。

目次

第一部
從聖經看以色列

二○一三年四月十五日，從台灣桃園機場出發，在香港機場停滯了幾個小時之後，終於在四月十六日凌晨零時三十分抵達了以色列的特拉維夫機場。

四十六年後的以色列

追尋耶穌受難的腳蹤

距離第一次來到特拉維夫機場，已過了四十六年。黃金田老牧師回憶說：當時以色列和埃及等阿拉伯國家的六日戰爭才剛結束。至今他仍印象十分深的事情，就是當時整個以色列國家因為戰爭勝利而瀰漫著一番喜氣。初至以色列這個上帝選民的國家，令當年才四十歲的黃金田十分興奮，在特拉維夫機場就為此感動的跪在地上用親吻土地的方式，為這場神國之旅揭開了序幕。

和四十六年前比起來，黃金田覺得以色列這個國家有了新的風貌。當年來耶路撒冷，大多只是老舊的平房；但如今再來，不管是特拉維夫或耶路撒冷，都有了不同的景象。

以神職人員的身份到以色列來朝聖，所以兩次皆從特拉維夫機場直接轉到耶路撒冷這個聖城。唯一和四十六年前不同的是：當時才從六日戰爭中大獲全勝的以色列，整個耶路撒冷街道 ，在路旁都擺著慶祝勝利的花圈。

而這一次來耶路撒冷，在聖城週圍的許多地方，都懸掛著上下帶著藍色線條的六角大衛星旗，許多學生和民眾團體成群結隊，從耶路撒冷聖城的街道大步前進，還興奮地唱著愉快振奮的歌曲。

原來，這一天就是以色列獨立建國六十五週年的紀念日。

黃金田說，根據聖經中記載的預言：上帝為了讓猶太人的以色列國在亡國二千年以後再度復國。一九四八年，以色列果然在巴勒斯坦這塊上帝的應許之地上，眞正應驗了聖經的預言，讓全世界的基督徒都在心靈上受到了非常大的激勵。如今在二十一世紀的第十四個年頭，再到這個上帝選民的國度來，仍然可以感受到，上帝爲以色列建國所預言的計劃，眞是十分的奇妙。

▼耶穌睡臥之遺跡
路加福音 9：58 耶穌說：「狐狸有洞，天空的飛鳥有窩，只是人子沒有枕頭的地方。」

耶穌基督受難 啓示與意義

黃金田來到了橄欖山。從橄欖山的一處洞窟裏面，可以看到一千九百八十一年前，耶穌基督到耶路撒冷來，慣常夜宿的地方。

將近兩千年前的耶穌，到耶路撒冷這個城來，特別異奇於常人的地方就是：他並非居住於城內的房屋；而是在遠離市鎮的山坡地上，夜宿於洞窟之內。黃金田站在絡繹不絕的朝聖觀光客群眾中，眼前這些觀光客來到橄欖山的洞穴裏面，每個人看著耶穌當年夜宿的洞穴，都覺得十分不可思議。

新約聖經的路加福音第九章五十八節裏面記載得非常清楚，耶穌對一名想要

▲路加福音 9：58 耶穌說：「狐狸有洞，天空的飛鳥有窩，只是人子沒有枕頭的地方。」

跟隨他的年輕人說了一句令人印象深刻的話來：「狐狸有洞，飛鳥有窩，人子卻連枕頭的地方都沒有。」

他認爲，耶穌這句話非常充份表達了他離群索居的特殊生活方式。

帶領朝聖團的台灣耶路撒冷旅行社李英民長老，指著耶穌住過的洞穴說，其實目前眼前所看到耶穌

橄欖山裏所住的這洞穴，管理單位已加以美化。耶穌當年住在裏面的時候，環境條件是更爲糟糕惡劣。想而得知，耶穌當年的生活，十分的刻苦。

聖經馬太福音第二十一章第十八節記載，耶穌曾經在上午經過一棵無花菓樹，因爲肚子餓了所以就摘樹上的無花菓來充飢，才發現那棵無花果竟然沒有果實。他因此指著那棵無花菓說，不結果實的樹，再也沒有人會吃到它的果子。果然那棵無花果樹馬上就枯萎。

由這段經文可以看出，耶穌不但只能住在洞窟裏面；甚至早上起來，也沒有吃的東西。耶穌基督這種卑微的生活，不是一般人所能想像。

基督信仰的特點，也就是信仰所呈現的價值觀，不是一般世俗追求名利財富。也可以說，基督信仰提升了信仰的核心價值，使人的性靈能夠從世俗的名利追逐過程裏，挹注入新的生命意義。

橄欖山的下方，也就是耶穌遭到十字架苦刑的前晚，曾經迫切禱告的客西馬尼園。

▼橄欖山的希伯來人墓園上面就可以遙遙的看見耶路撒冷聖殿山上面的金頂清真寺

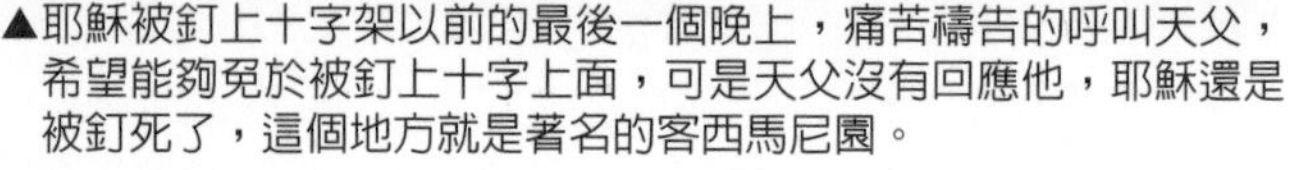
▲耶穌被釘上十字架以前的最後一個晚上，痛苦禱告的呼叫天父，希望能夠免於被釘上十字上面，可是天父沒有回應他，耶穌還是被釘死了，這個地方就是著名的客西馬尼園。

▼耶穌偕門徒結束了最後晚餐後，沿此階梯往客西馬尼園

耶穌在客西馬尼園的禱告，根據聖經的記載，其實是十分痛苦的。因爲就一個有血肉之軀的人來說，被釘到十字架上十分痛苦，所以在禱告時，聖經福音書記載說，耶穌所流下的汗水，就像血一樣的滴在地上。以一個有肉體之軀的人而言，耶穌當然希望不要受到被釘上十字架而死這種苦刑。但另一方面，就神學的角度而言，耶穌是神的兒子，知道父親上帝拯救世上罪人的計劃，是要派他到世上來，釘上十字架來爲世人承担罪惡，使世人由罪人變爲無罪的義人。所以，耶穌雖然向天父禱告說：「父啊，如果可以，求祢把這杯移去。」

但是他也繼續禱告說：「但要照祢的旨意，不要照我的旨意。」這句話就神學的角度來說，是指再痛苦，也不背離父神上帝拯救世人的計畫。

黃金田說，這一段禱告詞，有兩個面向：一方面讓我們體認到，耶穌跟我們一樣，都是畏懼苦刑、畏懼死亡的人類。另一方面則顯示：他願意為了拯救人類的生命遠離罪惡，也願意奉獻出自己的生命。

這顯示耶穌信仰另一個十分重要的特質：**就是為人犧牲，具有為眞理犧牲生命的情操**。

▼馬可樓，耶穌最後晚餐的地方

橄欖山對面，也就是「馬可樓」，著名的「最後晚餐」發生地。在西方藝術中，耶穌的最後晚餐，經常成為美術家創作的主題。其中以最著名的藝術大師達文西的「最後的晚餐」廣傳於世。

在最後的晚餐的過程中，耶穌做了一件非常重要的一件事，就是為門徒一一洗腳。然後又說了一句與這件事相襯的一句話，他希望門徒當中，「那個要做大的，就要為最小的服務」。

黃金田說，耶穌以這樣的過程，顯示了基督信仰另一個很重要的價值觀，不像一般世俗的人，在掌握權柄以後，以為自己高人一等、高高在上，成為欺壓下層民眾的惡者。**相反的，基督信仰所強調的，是掌握權柄的人，也就是一般所謂高人一等的人，是要為下層民眾來**

▲耶穌被吊起來的圖像

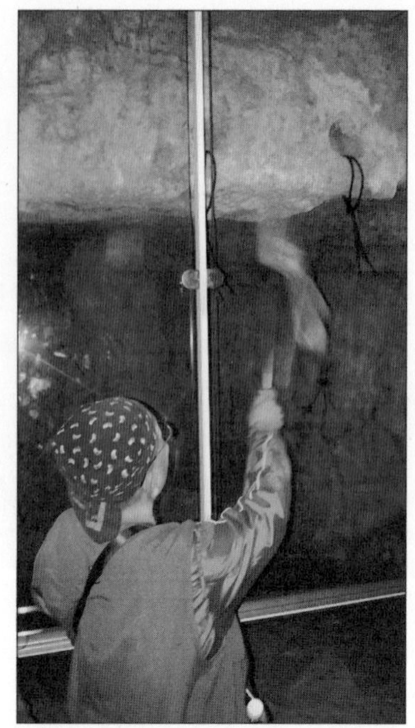
▲領隊指著上面的洞，是吊掛耶穌的鏈子穿過的洞。

服務。耶穌這種觀點的價值觀，使基督信仰成為一種關心、照顧下層、弱勢民眾的信仰，顛覆了世俗的信仰觀念，也從此展開了人類照顧弱勢族群，關懷下層民眾的新頁，也成了現代福利國家的基本觀念與原則。

來自世界各國不同族群的朝聖者，在耶穌遭受苦刑的地方，都保持著靜默、敬虔的態度和心情。

領隊李英民長老指著耶穌遭受苦刑的地方說，那有如中國清朝的凌遲之刑，非常的痛苦。根據學者的考據，當時羅馬的兵丁，在總督彼拉多的授意下，對耶穌施以鞭刑。而當時所用於鞭打耶穌的鞭子，其實在尾端帶有鈎刺，一鞭打下去，耶穌連皮帶肉綻開，其痛苦非一般人所能忍受。由於所用的鞭子是一種所謂的「束鞭」，導致一鞭打下去，皮

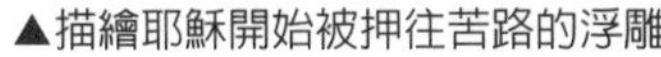
▲描繪耶穌開始被押往苦路的浮雕

▲苦路的第三站。耶穌受不了十字架的重壓第一次跌倒的地方。

膚會同時被束鞭尾端的鈎刺撕開許多裂傷來，極爲殘酷。

黃金田指著耶穌遭到苦刑地方旁一條石板路說，這是耶穌走過的這條石板路，做完最後的禱告，被十二門徒之一的加略人猶大出賣以後，被押到刑場來受鞭刑的石板路。而從客西馬尼園走到受鞭刑的地方，一路上還不斷受到押解著他的羅馬兵丁毆打。耶穌所受的肉體苦難，從客西馬尼園就已經展開了。而在耶穌開始承受苦難的過程當中，最著名的故事，就是耶穌頭號的大弟子彼得「三次不認主」。

耶穌受鞭刑的建物旁，有一棟屋頂上有公雞的教堂。源自於有名的新約聖經故事中，彼得雖然身爲耶穌身邊第一個受召跟隨耶穌的大弟子，卻因爲耶穌遭受逮捕，擊打和鞭刑，因爲恐懼和驚嚇，在天亮雞叫以前，三次否認自己是耶穌基督的「同黨」。新約聖經開頭的四福音裡，皆有詳細的記載。

黃金田帶著有趣的表情回憶說，四十六年前，他第一次到耶路撒冷城來，第二天清晨醒來，在旅館房間醒來，聽到外面的雞叫聲，腦海中第一個反應，就是想起了「彼得三次不認主」這個故事。

在最後晚餐的時候，耶穌做爲十二門徒的拉比（老師），預言了自己將被人出賣，而會遭到一連串的迫害，最後將被釘死在十字架上，爲擔負全人類的罪惡，而犧牲死在十字架上，犧牲自己的生命，成爲在神面前獻祭的羔羊，爲世人洗淨他們的罪惡。並且使他們能夠信他爲救主，而得到永生的豐盛生命。

傳福音的保羅　「不以福音為恥」

黃金田牧師說，在新約聖經中，耶穌死後，親身向迫害基督徒的保羅顯現。當時他的猶太人原名叫掃羅，耶穌召喚他爲主傳福音到羅馬帝國以及世界各地。保羅因受到耶穌基督親身顯現的召喚，果然成爲傳揚耶穌基督福音的使徒。後來使徒保羅向各地新成立的教會寫了不少堅固信仰的書信，而這些書信成爲了新約聖經中的主要內容。

在保羅的書信中，有兩句話特別值得傳誦的句子，都成爲非常有名的經句。其中一句是：「我不以福音爲恥，因爲福音是神的大能，要拯救一切相信的人。」

回溯到當時，耶穌被釘上十字架，與其他的罪犯同等位階，死於釘死示眾的羞辱中，又被判他死刑的羅馬總督彼拉多在他頭上釘上「猶太人的王」這種諷刺性羞辱的文字，死於最卑賤殘酷的死罪當中。這在當時的人類社會，是避之唯恐不及的恥辱性災難。

十一個未出賣他的門徒，也因此如驚弓之鳥各自逃離失散了。所以，保羅才強調他不以傳揚福音爲恥。同時他過去曾是猶太第一經學教師迦馬列的門下大弟子，出於對舊約聖經的認識，知道舊約聖經中，不斷地預言未來將出現一位彌賽亞（救世主），爲擔當人類的罪惡而死。保羅基於舊約聖經充份的認知，和耶穌親身教導的經歷，終於體認到福音的眞實性，耶穌終究要成爲罪人的救主。

「我不以福音爲恥⋯⋯」，事實上，保羅開始傳揚福音，也使他在社會地位上產生了極大的變化。

保羅當時不但是猶太第一經學教師的大弟子，所謂的高級知識份子，也可以說是一位飽學之士；而且具有羅馬公民的身份。當時要取得羅馬公民的地位，表示他所出身的家庭，不管是家族的聲望，以及家族的經濟背景，都要比當時以色列南方的猶太人高出很多。

而他成爲耶穌傳播福音的使徒，不論對迫害基督徒的成員（他曾是一員），或受他迫害的耶穌的門徒和信仰者而言，都是不可思議的大轉變。當時猶太社會以迫害耶穌及其門徒爲主流，保羅也因此由猶太知識份子特權階段，淪爲叛逆份子，到最後終於成爲羅馬帝國的階下囚。

聖經的讀者都知道，保羅在新約聖經中所寫的書信裏，還有一句話成爲後來基督信仰中一句影響力極大的話語，這句話指出：「天下人間，**除耶穌基督之名以外，並沒有賜下其他的名，人可以靠著得**

到拯救。」

飽學的保羅冷靜、邏輯思考，舊約聖經各時代的記載，一再預言，未來將有一位救世主，成爲人類的拯救者，雖然人類被罪惡所轄制，但會因爲這位救世主爲生命的主人，從罪惡中得到拯救。

迄今爲止，世界上所有語言的宗教文獻，沒有一位像耶穌一樣，事先強調將承擔世人的罪惡，而且依照舊約聖經三百多處的預言，根據自己向門徒所說的計劃，終於被釘上了十字架，在十字架瀕臨死亡的耶穌，承受了極大的痛苦，在斷氣死亡之前的最後一句話，就是「成了」這兩個字。

這兩個字的意思，是上帝爲他所預備的計畫：死在十字架上救世人脫離罪，並且進入神所賜各種豐富恩典的人生。在耶穌死後，這個拯救人類的計劃，終於極具悲劇性地完成了。

保羅爲耶穌的神性和信仰特質，留下了最好的見證，使世人可以瞭解基督信仰的特質，也就是人類最唯一的救贖。

台灣的「神明」膜拜

黃金田牧師說，台灣總共有一百二十多種神明由人民膜拜，而這些神明都各有特色。例如，關公信仰，也就是「恩主公」的信仰，其實是佩服景仰關雲長對劉備的忠義之情，但關公在對孫權的軍事戰鬥中失敗，並遭到斬首，在死前並未聲言自己將成爲眞正的神，對信他的人並未有任何可以赦罪和賜予恩典的承諾，也沒有任何記載或他自己所言將成爲神明的文獻。

台灣民間信徒最多的「媽祖」亦是。「媽祖」本名林默娘，因意外死於福建沿海的海域，死時年紀二十上下，也並未提及將成爲神明，並使她恩典庇佑信徒。實際上中國大陸沿海渡海來台的人中，一半成功渡台，另一半失敗，在失敗的一半當中，有一半葬身於台灣海峽，也就是媽祖捨身的黑水溝。

其他各種不勝枚舉的神明信仰，也幾乎如此，至於更等而下之，拜淨持不分的濟公活佛，拜動物諸如狗類，或者拜物如樹木、石頭，就更不值得一提了。

黃金田提及家族經歷，父親早年在南部廟中熱心廟務，但連續死了兩子，廟務人員轉告說，要這個「熱心」的弟子，去走自己的道路。自此，從父親開始成爲基督徒，全家從喪子之痛中走出來，成爲了充滿恩典的基督徒。

從缺乏邏輯和理性思考的民間信仰中，更可以體認到保羅的偉大之處。

保羅以冷靜的理性邏輯出發，慢慢成爲那個時代的使徒，彼得的經歷正好相反。他本是加利利湖一名普通的漁夫，並沒有什麼學問，在跟隨耶穌成爲門徒以後，經常也因此以大弟子自居，耶穌在最後的晚餐言明自己將遭受到迫害後，彼得十分衝動的表示，一定要以他的生命來全力保護耶穌的人身安全，甚至還在身上配刀，做爲防衛和保護耶穌的武器。

彼得的恐懼

當要迫害彼得的法利賽人和羅馬兵丁到了「客西馬尼園」，彼得一開始果然說到做到，拔出身上的刀子保護他的拉比，也就是耶穌，還把一名大祭司派來的差役的左耳割了下來。

在這之前耶穌對他說，彼得，明天雞叫以前，你

▶這個表情豐富多彩多姿的雕刻作品，就是著名的彼得在雞鳴以前，三次說不認識主耶穌的經過。

會三次不認主。耶穌當時就已經預知，彼得會因恐懼而三次否認認識耶穌。

在「客西馬尼園」，還非常勇敢的彼得眞的用刀子實踐，耶穌立刻制止他動刀傷害對方，上前用手將那片耳朵貼回，治好了才被割掉的耳朵。但逮捕耶穌的行動並沒有停止，耶穌遭到了逮捕，一路還被打得頭破血流，渾身是傷。目睹此一慘狀的彼得，恐懼之心油然而生。在他跟隨耶穌到當時的大祭司該亞法的宅第中，大祭司的差役已把耶穌打得體無完膚。就在彼得準備離開的時候，有一名婦女指著彼得大聲叫說，他就是耶穌的同黨，彼得嚇得連忙矢口否認，說他不認識耶穌，由於暴力僕役緊跟而來，彼得驚嚇萬分地連續否認了三次，然後落荒而逃。當他在逃離時，又回頭望了一眼耶穌，耶穌血流滿面的眼睛憐憫地看著彼得，這時候雞叫了。彼得這時才想起耶穌在事前所說，在雞叫以前，你會說三次不認識我（主）的話來。於是在逃離現場的過程中，感受到自己的膽怯、懦弱，以及對他的主耶穌的背棄，終於痛悔的流下了眼淚，痛哭失聲。

黃金田指著紀念彼得的雞鳴教堂，他說，其實聖經這段故事告訴我們，即使是耶穌基督的大弟子彼得，也有非常軟弱的一面，這也是一般我們人類軟弱的一面。而彼得的主耶穌基督，其人性也曾在「客西馬尼園」想要避免遭到十字架苦刑的禱告中反映出來。所以耶穌又被稱爲以馬內利的神，就是神與人同在的神，因爲他自己也是人，十分瞭解人性的軟弱，才能夠以悲憫的眼光看著彼得。

六十多年來，黃金田愈是熟讀聖經，愈是對聖經對人性的完全瞭解，有著很深的感動，不管是父神耶和華上帝也好，或是耶穌基督也好，或是每天與我們同在的聖靈，都非常瞭解我們每一個人的弱點。不斷地從天上降下恩典、憐憫，幫助我們，引領我們，光照我們，而這樣的基督信仰所具有的核心價值，和信仰本身所帶來的愛心與人性的光輝，在各種宗教信仰中相對罕有，而獨具特色的。

羅馬總督本丟・彼拉多之爭戰

依照當時規定，猶太人公會有一定程度的權力，對罪犯審訊和懲罰的權力。但要將任何一個猶太人處以死刑，也就是釘死在十字架上，則是羅馬總督才有的權力。因此，當耶穌在「客西馬尼園」遭到逮捕以後，第二天早上，猶太大祭司等人，把全身傷痕累累的耶穌，押解到了羅馬總督彼拉多的府邸。

經過近兩千年的歷史變化，所羅門王早期國力最爲鼎盛的聖殿，目前已經是金色屋頂的奧馬清眞寺，但在這個奧馬清眞寺的背後，有一棟高度比當年聖殿稍高的安東尼堡，是羅馬總督彼拉多在每年猶太人主要節慶時，帶著羅馬兵團駐紮之處。

安東堡的高度比當年的聖殿要高，就是爲了就近由上而下監督聖殿的猶太人，不讓猶太人有機會騷動造成治安混亂。

當日早上，當聖殿的大祭司和以及一大群支持群眾，押解遍體是傷、被折磨了一夜的耶穌到安東尼堡，交由彼拉多總督審判，要彼拉多將耶穌處死時，耶路撒冷隱然瀰漫騷動不安的氣氛。

黃金田牧師四十六年前第一次到耶路撒冷，就是要根據新約聖經福音書中，根據耶穌的記載與教導，到耶穌眞正生活的地方。了解耶穌他是如何引領下層民眾跟隨、得到心靈的釋放，爲他們行神跡加以醫治，終於遭到聖殿祭司群迫害的現場耶路撒冷。

耶穌當時不只是一位猶太拉比，他有十二個門徒，也經常出現當時聖殿中，並且引述多處經文，指耶穌自己來到世界上，就是要應驗這些預言性的經文，成爲以色列人的救世主基督，而最重要的，他到這世界來最大的任務，就是要以潔白無瑕的無辜之身，遭到迫害，殘酷的鞭打，被釘死在十字架上，爲承擔世人的罪而死。將世界上所有信他的人，因爲他們的信，可以獲得力量，不但把罪完全洗清，成爲一個新造的人，靠著耶穌從天上所賜下的恩典，從罪中被救贖出來。

耶穌被大祭司和徒眾押到彼拉多總督處時，一夥人就十分喧鬧地要求處死耶穌，但是彼拉多總督，需確認耶穌所犯的罪證，違反當時羅馬政府的法律，然而審問以後，彼拉多並沒有發現耶穌的任何犯罪行爲。然而大祭司及群眾要求處死耶穌，彼拉多迫於無奈，做了件很特殊的事情，就是吩咐衛兵用洗臉盆端了一盆水，然後在眾人面前把雙手放到洗臉盆中洗手，並且對在場吵鬧不休的大祭司、群眾說了一句令人印象深刻的話，他強調說：「流這無辜人的血，罪不在我。」在場的猶太人也高喊回應彼拉多，說這件事他們自己負責，流無辜人血的罪，歸到他們自己和他們的子孫身上。

黃金田說，這是一段很可怕的對白，猶太人在不久以後就受到了羅馬人武力的鎮壓和屠殺，連他們心目中最爲寶貴和地位崇高的聖殿，也被拆毀，聖殿是猶太人的信仰中心，聖殿遭到摧毀對他們是一件最爲嚴重的打擊。

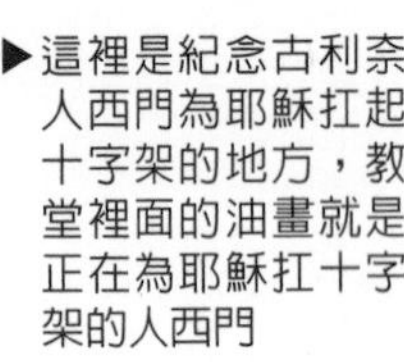
▶這裡是紀念古利奈人西門為耶穌扛起十字架的地方，教堂裡面的油畫就是正在為耶穌扛十字架的人西門

耶穌受難的苦刑

依當時羅馬人的作法，要被釘上十字架的人，必須身背十字架到刑場，在那裏受釘。目前有些基督教的書店或活動，耶穌揹著十字架的圖畫或小模型，表現出耶穌扛著十字架，幾乎趴倒在地上的痛苦形狀，就是根據當時的情況所作。自安東尼堡扛著十字架去處刑的各各他地，所謂的骷髏地，還有一段相當漫長的道路，耶穌受盡痛苦的一段道路，迄今經過了將近兩千年，一直以「苦路」（音譯是維亞多勒羅莎）爲名。

耶穌在該亞法的家中地下室中遭到一整夜的刑罰和折磨，又遭羅馬兵丁殘酷的鞭打，幾乎每一寸受鞭處都皮開肉綻，再被鐵鍊吊著處刑過夜，真正要開始扛起十字架去到骷髏地時，可以說是已是體力和精神狀況幾乎耗盡狀態。

踏上了新約聖經中最爲著名的耶穌受難之路——苦路。來自全球各地的天主教、基督教徒，絡繹不絕來來往往。在這一天所行經的苦路，非常明顯地標示出，耶穌所走過的蜿曲漫延的道路，而在這條行走苦路的過程當中，耶穌曾經因痛苦不堪和體力不支而趴倒在地三次。這三處趴到地上的地方，目前都有詳細的文字標示出來。雖然聖經中沒有明確記載，可是後來的教會根據當時目擊者的口述，列出了趴倒在地處。

黃金田早年看好萊塢的電影〈賓漢〉時，記憶中的男主角猶大也在一旁觀看耶穌扛十字架走苦路，猶大（卻爾登布斯頓飾演）一度想上前幫助耶穌扛十字架，均遭到羅馬兵丁的喝斥。因爲扛十字架，也是當時羅馬政府刑罰罪犯的過程之一。

不過，根據聖經的記載，耶穌應該是痛苦到幾乎扛不動背上的十字架行走了，羅馬兵丁終於命令了一名古利奈人西門，來替耶穌扛十字架，古利奈人西門的名字，也因此留名於聖經，傳之千古。黃金田說，一個人可以做一件正確的事情，而被留名千古，也是一件非常不容易的事情。古利奈的西門也許可以不願做這件事而溜掉，但他選擇了這件可怕的苦差事。

根據相關研究，古利奈人西門的一家，後來都成爲基督徒，他在扛十字架的過程中，領受了耶穌爲人犧牲的偉大意義。古利奈人西門原本並非住於耶

▲荊棘教堂，耶穌在這裡被戴上荊棘的王冠，也是苦路的第一站

▲苦路的第五站，古利奈人西門幫忙耶穌扛十字架

路撒冷，因爲由於一時的好奇，才參與了這項耶穌被釘在十字架上的前所未有大事件，他的留名於聖經與一家信主，就基督信仰的原則，他在幫助耶穌扛十字架的過程奉獻了心力，從而蒙恩得救成爲神國的子民，也相當具有啓發性的意義。

在行走苦路的過程當中，所經過的各個站點，都有文字的詳細解說，有個點還放了十字架，讓前來參觀的人可嘗試扛十字架的感覺。跟當年耶穌所揹負的十字架比較，目前當地所提供的十字架，只能說是象徵性的器具。

熙來攘往的苦路，人群最擁擠的地方，就是目前

◀聖墓教堂：裡面有耶穌被釘十字架死了以後停放在上面的屍版。

被認爲很有可能是耶穌死後，從十字架上放下來、善理遺體並埋葬的「聖墓教堂」。

教堂裏面擠滿了人群，包括天主教、希臘正教、基督教和其他相近宗教派別的人群。最爲聳動的是教堂內部的正中央，放置了一塊大石板，其大小尺寸幾乎等同於一個人可以躺臥其上的規格。進入聖墓教堂的人幾乎都蹲下觸摸這塊大石板，並且拍照留念，場面相當熱鬧。

之所以會有這一塊石板，是因爲根據當時猶太人的習俗，人在斷氣死了以後，必須用一種相當昂貴的香料塗抹屍體，然後再用裹屍布連同香料纏在遺體的上面，然後放進墳墓裏面。

▶人潮最多的聖墓教堂裡面的一個小教堂。

他說，我們一般的台灣人都是在人死後埋入地裏，所以需要棺木，但猶太人並非如此，因爲猶太人所住的猶太地區，到處都是石灰石的洞穴，所以遺體在用香料和裹屍布纏裹包紮好以後，就直接放入洞穴裏面，平放在停屍的石板上面，然後用巨大的石頭，將洞口封住，而屍體就在洞穴裏面逐漸風化朽乾，久而久之，成爲一堆駭骨。

在黃金田牧師的印象裏面，他在四十六年前，這塊耶穌停屍用的石板，原來是放在另一處的「聖墓花園」。可能是某些特殊的原因，所以改放在「聖墓教堂」來。

耶穌被釘十架的各各他

耶穌被釘十字架的地方「各各他」，就是「骷髏地」。在骷髏地現場的「聖墓花園」解說告訴我們，骷髏地從正面看來，從耶路撒冷城的方向看過來，形狀外貌就像是一個人頭狀圓球形，正面確實凹進兩個深陷的黑洞，解說人員是一名來自歐洲的

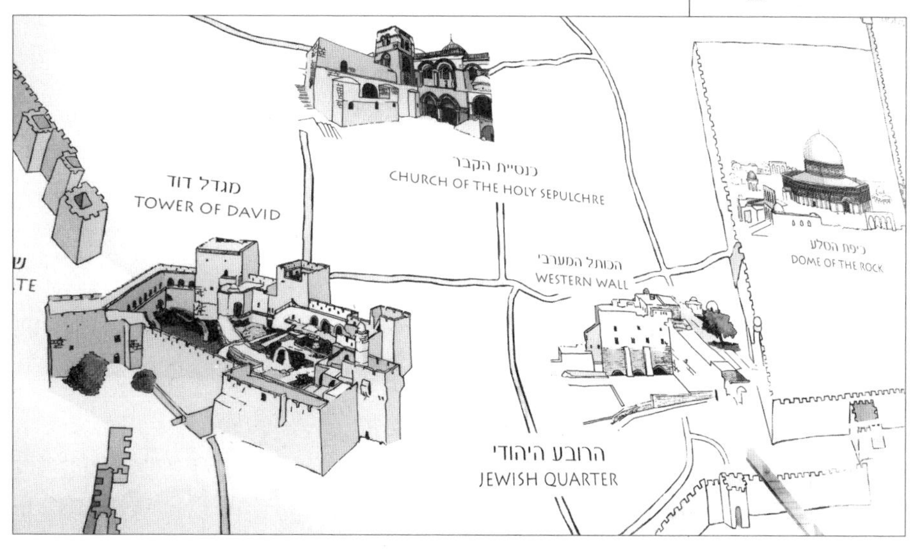

▼裡面是聖墓教堂，左邊是大衛排、右邊是聖殿山

▲聖殿山的西南牆及廢墟考古區

瑞典人，他除了介紹耶穌被釘十字架的骷髏地以外，還帶領朝聖團一行，走到比較下方的一處洞穴，就是在釘完十字架、耶穌氣絕而死埋葬遺體的洞穴。洞穴的外緣地面上，還存有可以移動巨石的溝槽軌道，洞穴的對面，即是一座葡萄酒的榨酒池。

說來很有趣，耶穌釘死十字架的地方，和存放遺體的地方，出現了兩處，也就是鬧了雙胞。

「聖墓教堂」並沒有解說人員，但裏面人潮多，其管理單位一共有六個，除了天主教，還有希臘正教、亞美尼亞教會、埃及克普特教會、敘利亞教會、阿比西尼亞教會。也就是說只要是屬於這六個教會的信徒會友，甚至包括一般基督新教的會友，都會到這個教堂來，所以朝聖的人將裡面擠得幾乎是水洩不通，也由於這個景點其實是一個教堂，有六個教派不同的教會做禮拜或彌撒，而且各種教派的教士服裝，和所戴的帽子高低形狀各有不同，因此就顯得相當多樣性、充滿著很特殊的異國氣氛。

耶穌葬身之地的爭議與信仰

李英民長老說，以他個人的觀點，認爲「聖墓教堂」才是眞正處十字架死刑和葬身之地。耶穌洗遺體和裹屍體的石板置放該處以外，從教堂內，耶穌被釘十字架的下方石板裂成兩半，可以看出依照聖經中的記載，十字架下方確實裂爲兩半。而且，爲耶穌收屍埋葬的是一個叫做約瑟的人，而聖經稱他爲亞利馬太的約瑟，並且是當時猶太議會的議員。他提供了自己所有的洞穴，如果以現代人的觀念來說，這位富有又有地位的議員，早在生前就購買了可能可以供家族使用的墓地，並且把其中的一部份，提供出來捐給耶穌做爲埋葬的墓地。除了這些義舉以外，聖經還指是他向彼拉多總督交涉要爲耶穌收屍的。另外，還有在聖經中受洗的義人尼哥德慕提供了一百斤的香料爲耶穌塗抹身體，共同完成了耶穌死後的善後工作。

耶穌被釘死在十字架時，他的頭上不但戴著荊棘所繞成的王冠，還因爲荊棘的刺傷，頭部不斷滲出血水，爲什麼會戴這樣的荊棘呢？是因爲羅馬的兵丁嘲諷他是猶太人的王。而耶穌釘在上面的十字架的最頂端，則插上牌子，用拉丁文、希臘文、希伯來文寫著「猶太人的王」。如果以現代人的觀念來說，耶穌是誣陷爲一個準備以武力叛變攻擊羅馬帝國，而在事前被舉發，所以才被處死的叛亂死刑犯。

以這樣的情況來說，亞利馬太的約瑟向羅馬總督彼拉多交涉，要爲耶穌收屍埋葬，是一件相當具有道德勇氣的義舉。所以他的作爲不但被列入了聖經傳誦千古，將近兩千年後的今天，到「聖墓教堂」裏祈福的人，除了跪地或蹲下以手撫摸耶穌的屍板，也都擠著要到約瑟這位大家所尊敬的義人像前禱告、敬拜。

但是在耶穌的墓地，究竟是在哪裏的問題上，黃金田牧師的觀點不同，他認爲聖經寫得很清楚，耶穌是釘在骷髏地上面，而「聖墓花園」的「骷髏地」，外形眞的是一個骷髏形狀的人頭形岩石，而他四十六年前來時，這個骷髏頭的形狀更爲完整，目前骷髏頭的上方已略有改造像是一個平台。根據聖經的記載，埋葬耶穌遺體的地方，就在附近，所以下方的洞穴，當然是最近的一個墓地。而約瑟提供了墓地，也許這個墓地本來就是他的，也可能是他出錢買的。四十六年前黃牧師首度到聖地來朝聖時，「聖墓教堂」並不在朝聖行程參觀的景點裏面，而耶穌停放遺體的石板，原來就是放在「聖墓花園」的洞穴墳墓的裏面。

「聖墓花園」裏出入的朝聖遊客，也是不絕如縷，而且都在「聖墓花園」的教堂裏面，進行追思耶穌的感恩禮拜，並且仿照耶穌「最後晚餐」時所做的剝餅給門徒吃、與門徒同享紅酒，以做最後的告別。在耶穌剝餅給門徒吃時，他向門徒說：「這是我的身體，爲你們而捨……。」與門徒共飲紅酒時，他對門徒說：「這是我的血，爲你們而流……。」等感人無比的話語。

當天下午在「聖墓花園」裏一批又一批前來朝聖的基督徒，各自在不同的單元空間裏吟送耶穌犧牲受釘的紀念歌曲，又同時舉行禮拜守聖餐。整個花園區顯然充滿了感人的聖靈，與苦路中的「聖墓教堂」裏，人人擠著要摸耶穌的停屍板以祈福的景象，形成了強烈的對比。

牧道超過六十年的黃金田說，他個人心靈中所認定的信仰中心，從四十六年前第一次來耶路撒冷，一直到今天第四次前來，始終沒有改變，就是「聖墓花園」裏的骷髏地。至於「聖墓教堂」裏面，雖然人潮洶湧，人人擠著要摸耶穌的停屍板祈福，他認爲就基督信仰的原則而言，他不認爲是最理想的紀念耶穌基督的方式，但對於這些人尊耶穌爲神的精神，仍是加以肯定。

李英民長老則十分堅持自己的觀點，認爲「聖墓教堂」才是當時耶穌葬身之處。他曾帶領過一隊朝聖團，其中一位成員是教會的傳道，由於關於耶穌究竟葬身於何處，令他不得其解，因爲困惑，他向教會的牧師訴苦說，他的信心受到了很大的影響，因此無法如往、上台講道。

▼黃金田牧師尋訪以色列

黃金田對這位傳道的問題頗爲同情，當然耶穌葬身之地鬧雙胞並不正面。但是基督信仰一個很重要的原則。就是在理智上要依靠聖經，完全依聖經爲原則，而在心靈上，也就是在禱告靈修時，對象是耶穌基督，是天父上帝，也可以說是把自己交予包括聖靈在內的三一眞神，而無須去在意究竟耶穌究竟是埋葬在什麼地方，就探究眞相而言，這樣做也許有其必要，但就信仰上，卻不必因此而過份在意。

「你們拜神，不是在這山或那山。因爲，神是一個靈，你們要用心靈和誠實在敬拜他。」這是耶穌回應撒馬利亞的婦人，她問究竟要去那一座山上拜神才是正確的問題，此言記載在新約聖經福音書中。依據耶穌教導，究竟耶穌死後究竟埋身於何處，不是很重要，各人依其所信而信，沒有爭執的必要。

▼以色列文化村呈現出耶穌時代的三個景象

敏感、爭議的聖殿之旅

耶路撒冷之所以稱爲聖城，主要建築物聖殿和舉世聞名、並且常發生爆炸事件的「哭牆」，也是探訪的重點。不曉得是什麼緣故，也許是基於事實陳述，「哭牆」目前已被改稱爲西牆，因爲它的牆面，正好就在聖殿的西側。

這座在新、舊約聖經中，皆具重要地位的聖殿，主殿上方的大型突出地標型的建物體，如今已被改成金色圓頂的清眞寺特徵標誌，其下的殿身改爲伊斯蘭教藍色六角形建物。

這讓所有朝聖團成員意外，領隊李英民長老幽默的說，照片拍好以後，回到台灣可以用電腦技術將

▼哭牆現在已經改名為西牆。事實上也有很多猶太的喜慶儀式在這裡舉辦，看起來非常熱鬧

▲此為歷史上所羅門王新建耶路撒冷聖殿的最原始位置

▲從西牆的角落走進去就是猶太教的會堂

▲在西牆向上帝禱告的時候，還可以先把禱告的內容寫成小字條，塞在牆縫之間

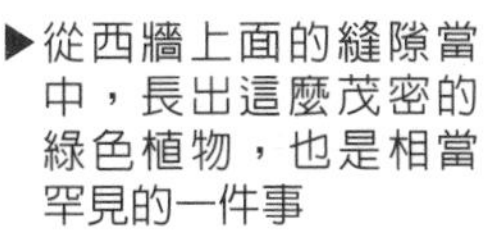

▶從西牆上面的縫隙當中，長出這麼茂密的綠色植物，也是相當罕見的一件事

▲在耶路撒冷很有趣的地方，人們要進入天主教會堂的時候要脫帽子。而在要進入猶太教的聖地，例如會堂、西牆廣場都必須要戴上猶太教的小帽子才能進去

▲哭牆的旁邊有一個放置經典書籍的地方，有幾位猶太拉比負責書籍的買賣、管理

之改變爲原來的顏色。至於原色是什麼呢？他說了句雙關語：「白漆」，台語的意思就是「白賊」。表示改造以後的照片，和目前的實體顏色不符。這說法，也反映了在某種程度下，基督徒和伊斯蘭教

◀博物館內聖殿的建造結構圖

間存在的緊張與對立。

在進入聖殿以前，不可將任何危險或敏感物品帶入聖殿，因爲入口處有安全檢查。不但是以色列政府的警察負責用電腦掃瞄器檢查，聖殿和哭牆裡裡外外都有提著眞槍實彈的以色列軍人在場監視，以防止任何衝突。在入口處的四周，就有好幾組持輕機槍的以色列士兵監視。所謂的危險物品指的是槍枝和爆裂物，至於敏感物品則是指聖經、十字架項鍊、耳環以及任何具信仰特徵的物品。依照這樣的規定，大概在聖殿裏面以耶穌之名禱告，可能也會遭到制止，至於一起唱基督教的聖歌，當然也會被視爲一種挑釁的行爲。

聖殿會變得如此敏感，當然是因爲錯綜複雜的歷史因素。在第七世紀時聖殿爲伊斯蘭所佔有，但是在一〇九九年時，十字軍東征時，聖殿又成爲基督教世界的聖地，但十字軍最後遭到伊斯蘭教最著名的君王薩拉丁打敗，聖殿又成爲伊斯蘭教世界中

▼聖殿山西南牆的歷史還原圖

▲在哭牆旁邊一棟公家建築物的頂端，裝置有6顆星星， 代表猶太人在第二次世界大戰的時候總共被殺死了6百萬人

▲十字軍在這裡被薩拉丁以火攻，殺得潰不成軍（此為耶路撒冷外圍的平原）

的聖地。薩拉丁與十字軍之間的戰役與故事，好萊塢曾經拍為相當賣座的電影，中文片名是「王者天下」，而其英文名稱則是「THE KINGDOM OF HEAVEN」，如果直譯，可能要譯做「神的國度」或是「天堂之國」，大概是基督教與伊斯蘭教都認為眞正的神，和神的國度，是屬於自己的。

伊斯蘭教和基督教　神與亞伯拉罕的約

中東地區之所以會有這樣的信仰上的爭執，應當是從創世紀裏關於亞伯拉罕的故事開始。亞伯拉罕是人類史上第一個被神呼召成為神國子民的人，所謂的「舊約」這兩個字，指的是耶和華眞神，也就是一般所說的上帝，和亞伯拉罕之間所立的約。這個約是要亞伯拉罕信奉耶和華為獨一的眞神，棄絕偶像的崇拜。並且信上帝的人，一定要進行割禮，將來他的子孫，也都要信仰耶和華為獨一的眞神，並且生下來以後第八天，就要進行割禮。

▲希伯崙的麥比拉洞，亞伯拉罕墓

▲亞伯拉罕的妻子莎萊的陵

耶和華上帝會和亞伯拉罕立約，是因爲亞伯拉罕當時是生活在一個偶像崇拜、人們崇拜各種不同神明的地方。而亞伯拉罕的父兄就是以販賣神

▼從跳崖山北眺拿撒勒山城（耶穌故居）

▶跳崖山的聖經經文解說。以色列 - 跳崖山 Mount Precipice即是拿撒勒的跳崖山，耶穌曾被拿撒勒的暴民帶到這山上，並想把耶穌推下山崖，然而耶穌卻從他們中間直行、過去了(路加福音 4：29-30)。

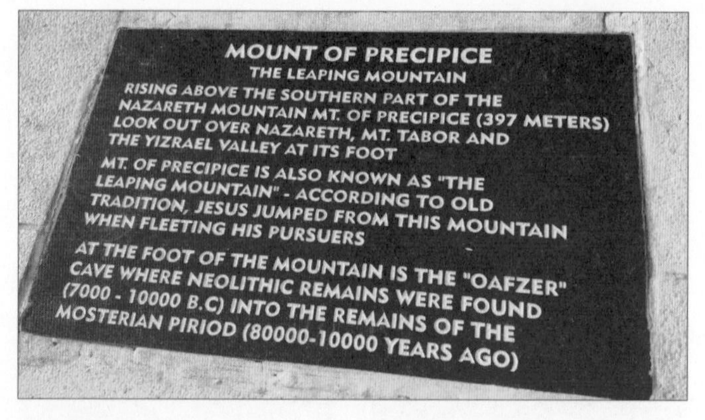

明偶像賺取利潤爲生。出生於這個環境背景中，又願意只信奉看不見的耶和華眞神，在當時當然是一件革命性的創舉。於是耶和華上帝向亞伯拉罕許諾，要使他的子孫多如天上之星、海邊之沙，算都算不完。亞伯拉罕自然非常高興，因爲當時他和妻子莎萊都已經七十多歲，但膝下並無子女。

雖然上帝有這樣的許諾，但時間一年又一年過去，亞伯拉罕的妻子莎萊，就叫婢女夏甲與丈夫同房，果然很快夏甲就懷了一個兒子，名字叫做以實馬利。他們夫妻爲此都十分高興，但是麻煩的問題來了。首先，夏甲有了兒子以後，對女主人莎萊的態度大變。彷彿自己才是女主人，將莎萊視爲下人，家庭之內發生紛爭，亞伯拉罕這位信心之父，因此被搞得頭大不已。

最麻煩的還有耶和華眞神再向亞伯拉罕顯現，仍然若無其事的老調重彈，祝福亞伯拉罕將來一定會得到一個兒子。亞伯拉罕聽了，心裏覺得很不是滋味，我不是已經有一個兒子了嗎？爲什麼上帝你說，將來一定會給我一個兒子？於是根據聖經的記載，亞伯拉罕向上帝說了一句很有趣的話。他說，願以實馬利承歡你的膝前。這句話的

▲以撒的衣冠塚外面的阿拉伯人區

意思是告訴上帝說，我已經生了一個叫做以實馬利的兒子，難道你不知道嗎？怎麼還在說將來才會給我一個兒子呢？

結果，上帝給他的回答，令亞伯拉罕很驚訝。上帝說，不，我不是跟你說這個，我跟你說要給你的兒子，是你的妻子莎萊肚子裏生出來的兒子。亞伯拉罕聽了以後，只能無言以對，因爲他的妻子那時已經七老八十了，而在上帝眼裏，好像不把婢女生的以實馬利當一回事。

又過了許多年，亞伯拉罕已經九十幾了，上帝又來了。亞伯拉罕吩咐妻子，熱情準備上好的食物款待。上帝在同來的兩個天使面前，又再跟亞伯拉罕重彈二十九年來的老調。但是，這次上帝大概也知道這件事自己講了很多次，就明確的對亞伯拉罕說，明年這個時候，你的妻子會生一個男孩。上帝講完這句話，根據聖經的記載，正在後面準備餐食的莎萊，大概是認爲上帝的玩笑愈開愈大，明年？我就九十了，還能生男孩，不自禁噗哧的笑出聲來。坐在外面的上帝耳朵很尖，聽到了笑聲，非常生氣，就問亞伯拉罕，爲什麼你老婆在後面笑我，難道我這個全能的上帝有什麼事情是做不到的嗎？莎萊一聽到上帝大概快翻臉了，就急忙否認自己沒有笑。但聖經創世記書卷裏記載，上帝很不高興的說，有，我明明聽到了妳的笑聲。將來妳的兒子要取名「笑」，因爲妳「笑」我，笑的希伯萊語發言就是「以撒」（現在很多猶太人以此爲名。最著名的是諾貝爾文學獎得主以撒・辛格）。

於是，第二年，莎萊果然生了一個男孩，依照上帝的指示，給他取名叫以撒。但現實的問題是，畢竟夏甲生的以實馬利是長子，將來亞伯拉罕的產業

▲跳崖山頂的野花

▲跳崖山頂的野花

▶跳崖山的斷崖相片懸掛在路旁的牆壁上

◀▲跳崖山的斷崖

繼承會產生問題，而且夏甲與莎萊之間的紛爭也相當大。上帝知道了亞伯拉罕的處境艱難，就叫他依照妻子的意見，把夏甲和以實馬利逐出家門。但是上帝要亞伯拉罕別擔心，上帝他也會照顧他們，使他們成爲大族。

這個被逐出門的以實馬利，就是現在所有伊斯蘭教阿拉伯人的始祖。伊斯蘭教除了讀他們先知穆罕默德的「可蘭經」外，也讀舊約聖經，可是他們認爲耶和華上帝也是他們的神，只有他們的第一個始

▶跳崖山可怕的斷崖

▼耶斯列平原望過去的迦密山

▲約旦河的水源頭

▲約旦河的示意看板

祖以實馬利，才是上帝應許要賜給亞伯拉罕的後裔。

明白了這樣的歷史背景，就能瞭解伊斯蘭教和基督教，尤其是和猶太教的恩怨情仇，猶太人後來又出現了耶穌，發展出以新約聖經為主的基督教來，加上十字軍的東征，終於造成今天的仇恨與對立。使聖殿和哭牆至今仍是猶太教、基督教、伊斯蘭教極可能發生衝突的引爆點。所以必須用警察嚴密審查，用武裝士兵在場監視，制止可能發生的衝突。

由於原來的聖殿已被拆毀，目前只能看到伊斯蘭教的奧馬清眞寺。

聖殿與耶穌成長　受難的深刻關係

耶路撒冷的聖殿，其實和耶穌成長過程，甚至受難被釘十字架，都有很深的關係。黃金田牧師指出聖經的記載，耶穌至少在聖殿中出現過四次。

▲但城的城門

▲耶羅波安的時候，但族的以色列人在這裡祭拜金牛犢

第一次進聖殿，是耶穌剛生下不久，就依照猶太人的習俗，被他的父親約瑟夫和母親馬利亞帶來奉獻給上帝，雖然說是奉獻，但其實儀式是購買牛、羊、或鴿子殺死以後來獻祭，以替代眞正將長子奉獻給上帝的規定。而從屬靈的觀點來看，其實要將長子獻給上帝，也有必須遵守上帝的教導，甚至從事於講解上帝的道給一般民眾聽的性質。從事這種講道工作的人，在猶太一般是稱爲拉比，也就是老師的意思。

▲▼舊約聖經時代的城門口的景象

耶穌十二歲的時候，他的父母親又把他帶到聖殿來，舉行類似少年禮這一類的儀式。這一類的儀式，通常都選在猶太節慶的日子，而且在節慶的日子舉辦完就離開聖殿準備回到他們的住家拿撒勒。因為節慶人多，耶穌的父母後來才發現耶穌並沒有跟著他們回家。於是又折回聖殿找他，才發現耶穌一直都留在聖殿裏未離開，責問他為何不和父母一起回拿撒勒？耶穌的回答非常奇特，反問他的父母

▲▼列王紀下23：8。並且從猶大的城邑帶衆祭司來，污穢祭司燒香的邱壇，從迦巴直到別是巴，又拆毀城門旁的邱壇，這邱壇在邑宰約書亞門前，進城門的左邊。

▲從大使命山俯瞰下去的加利利海

說，難道我不應該關心我父的事情嗎？對於一個十二歲的少年而言，這樣的回答已經開始爲他未來的人生方向揭開了序幕：他將被稱爲神的兒子！而在當時的猶太社會，任何一個自稱爲神的兒子的人，都是對神的褻瀆，是會遭到處死的，在日本歷史作家塩野七生的羅馬史中，提及耶穌，也只這止於此。

後來耶穌不但出現在聖殿，而且還與聖殿外面做買賣的和兌換錢幣的人發生衝突。這段經過在聖經

▶從大使命山遠眺黑門山

▲從大使命山俯瞰下去的提比利亞海

◀加利利海的左邊就是加百農

◀大使命山上的勝利之樹

裏以「耶穌潔淨聖殿」的題目出現，耶穌和這些人發生衝突的原因，是他認爲，聖殿是神聖的地方。是萬民向父神禱告的地方，不是做生意買賣的地方，耶穌並且斥責這些做買賣的人說：「你們竟將我父的殿，當成了賊窩。」後來耶穌被釘十字架犧牲了生命，也因爲他阻擋了以聖殿做爲一個龐大的利益中心的作法有關。

至於耶穌與聖殿的接觸，除了以上的三次，最爲特殊的是，耶穌在約旦河被施洗約翰施洗以後，被聖靈帶到曠野去，接受魔鬼的試探，這段經過記載在馬太福音第四章。

新約聖經馬太福音兩段耶穌和魔鬼的對話，顯示了基督信仰一個很重要的原則就是，魔鬼也會引用聖經的經文來欺騙人，但基督徒絕對不可掉入陷阱之中，而必須小心謹慎的把握住聖經教導的話語，以之做爲原則來抵擋魔鬼的誘惑。當然，黃牧師認爲，這是相當不容易的事情，要達到這個境界，只有靠平時詳細閱讀聖經，深入了解聖經的教導，才

▼大使命山上的一個景色

▲從大使命山眺望
黎巴嫩的方向

能眞正如耶穌所教導的主禱文所說的：「讓我們免於試探，救我們脫離凶惡。」而得到基督信仰最寶貴的平安喜樂生活。

聖殿是統一南北分裂的以色列之大衛王所籌劃，上帝不同意由他來建造聖殿，因爲大衛本身是一名驍勇善戰的戰士，曾犯過流無辜人血的罪。所以由大衛王的接班人，所羅門王來負責興建。而西側的哭牆是供非以色列人禱告的地方，上帝允諾所羅門王，即使不是以色列的子民，只要在西牆禱告，上帝自己也必垂聽，並賜福予禱告的人。

在西牆禱告了將近半小時，做爲一位傳道超過六十年的牧師，顯然黃金田與上帝間，眞正建立了天父上帝子民以及服事神的僕人的雙重關係。雖然已經年高八十五，退休擔任台灣聖教會榮譽牧師的黃金田，仍然以做爲上帝忠心的奴僕自許，未改當年決心爲主獻身的初衷。

聖經中的以色列

耶穌所說的故事：「浪子回頭」

駛入人煙罕至、近似沙漠的曠野地帶，在曠野中的一處小公園裏，領隊李英民長老向大家介紹了一種相當特殊的樹，這種樹外觀看來和一般的綠葉樹沒有兩樣，大致有普通台灣房屋一層樓高左右，樹葉也頗為繁茂。特殊的地方是，這種樹上長了一片又一片的綠色豆莢，黃金田牧師看了這些綠豆莢，像一個童心未泯的小孩，快樂的鼓掌，摘了一片放在嘴裏咀嚼起來，大家都為他有趣的動作所吸引。這就是新約聖經中，耶穌所說「浪子回頭」的故事中，那個浪子決定回頭是岸時，所吃的綠豆莢。

吃晚餐的時候，黃牧師提示說，這段故事是耶穌很好的教導，也顯示了基督信仰與其他宗教不同的一面。這個耶穌的教導，是由本業是醫生的路加所寫的「路加福音」所記載下來而流傳至今的。他指出，這個浪子回頭的故事和其他類似的故事有相當的異質性，記載在「路加福音」第十五章裏面，內容相當精彩感人：

耶穌又說：一個人有兩個兒子。

小兒子對父親說：父親，請你把我應得的家業分給我。他父親就把產業分給他們。

過了不多幾日，小兒子就把他一切所有的都

收拾起來，往遠方去了。在那裡任意放蕩，浪費資財。

既耗盡了一切所有的，又遇著那地方大遭饑荒，就窮苦起來。

於是去投靠那地方的一個人；那人打發他到田裡去放豬。

他恨不得拿豬所吃的豆莢充飢，也沒有人給他。

他醒悟過來，就說：我父親有多少的雇工，口糧有餘，我倒在這裡餓死嗎？

我要起來，到我父親那裡去，向他說：父親！我得罪了天，又得罪了你；

從今以後，我不配稱為你的兒子，把我當作一個雇工吧！

於是起來，往他父親那裡去。相離還遠，他父親看見，就動了慈心，跑去抱著他的頸項，連連與他親嘴。

兒子說：父親！我得罪了天，又得罪了你；從今以後，我不配稱為你的兒子。

父親卻吩咐僕人說：把那上好的袍子快拿出來給他穿；把戒指戴在他指頭上；把鞋穿在他腳上；

把那肥牛犢牽來宰了，我們可以吃喝快樂；

因為我這個兒子是死而復活，失而又得的。他們就快樂起來。

那時，大兒子正在田裡。他回來，離家不遠，聽見作樂跳舞的聲音，

便叫過一個僕人來，問是什麼事。

僕人說：你兄弟來了；你父親因為得他無災無病的回來，把肥牛犢宰了。

大兒子卻生氣，不肯進去；他父親就出來勸他。

他對父親說：我服事你這多年，從來沒有違背過你的命，你並沒有給我一隻山羊羔，叫我和朋友一同快樂。

但你這個兒子和娼妓吞盡了你的產業，他一來了，你倒為他宰了肥牛犢。

父親對他說：兒啊！你常和我同在，我一切所有的都是你的；

只是你這個兄弟是死而復活、失而又得的，所以我們理當歡喜快樂。（路加福音 15 章 11-32）

死蔭的幽谷曠野

進入了以色列歷史上最著名的古戰場「幽谷曠野」，整片一望無際的曠野，外觀幾乎就像是沙漠，但與沙漠不同，曠野的地表並非砂子，而是大小草不一的岩石塊，間或有小叢稀疏的綠色矮小灌木，有些斜坡上甚至長有極爲稀疏的野草，可以看見一些貝都因阿拉伯人趕，正著綿羊在山區內綠色草叢間覓食。

▲第一個統一以色列的大衛王，是以色列人最尊敬的國王，他非常喜歡彈琴、唱詩歌，所以這個紀念銅像作出他在彈琴的樣子，而他的棺木靈柩就在對面的馬可樓下面

表面看來一望無際像是沙漠的曠野區，其實有一定的通行路徑。不但是猶太人與外族人進行好幾場決戰的古戰場，而且是統一以色列的大衞王寫下舊約聖經「詩篇第二十三篇」的地方。「詩篇」當中，最爲基督徒和各宗派教會、教會詩班喜歡朗讀和歌頌的，就是第二十三篇，有些教會甚至以之爲主題看板的詩歌。

遠處山谷中，在幾面像是斷崖陡坡下，接近深谷

◀大衛王寫詩篇23篇的地方，也被稱為死蔭的幽谷

的地方，有一處像是綠洲的綠色天地，沿著斷崖的地形建造一座中古世紀的古典建築。曠野周圍幾處不同方向，豎有黑色十字架的四方水泥柱地標。

李英民長老說，幾個距離相當遠的十字架水泥柱圍起來的，是屬於「聖喬治修道院」，所管理的曠野區域，中間深谷隱約可見，建於綠洲峭壁的中古世紀建築，即是「聖喬治修道院」。

黃金田老牧師說，基督徒幾乎都耳熟能詳的「詩篇」第二十三篇的幽谷，應該就是被掃羅王帶兵追殺的詩人大衛藏身，並撰寫「詩篇」這卷書卷中主要詩作的地方。也許因此才被「聖喬治修道院」選中為院址，供修士做為修道的地方。

「耶和華是我的牧者，我必不致缺乏。

他使我躺臥在青草地上，領我在可安歇的水邊。

他使我的靈魂甦醒，為自己的名引導我走義路。

我雖行過死蔭的幽谷，也不怕遭害，因為你與我同在。你的杖，你的竿，都安慰我。

在我敵人面前，你為我擺設筵席，你用油膏

▲聖喬治修道院

▲死蔭的幽谷裡面的聖喬治修道院

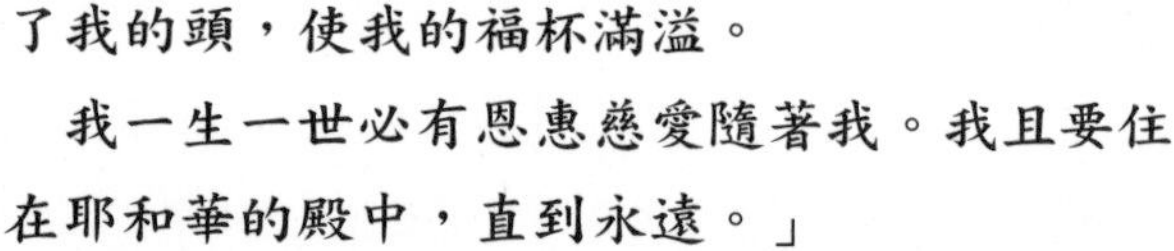

了我的頭，使我的福杯滿溢。

我一生一世必有恩惠慈愛隨著我。我且要住在耶和華的殿中，直到永遠。」

黃金田牧師一邊誦出詩人大衛最著名的詩篇，一邊看著斷崖底下，甚深的低谷中的小綠洲說，詩中所說死蔭的幽谷，極符合這個在曠野中出現的深谷式綠洲。難怪這個廣大的曠野，就以幽谷爲名，被稱爲幽谷曠野。而且，這首詩第一句就是，「**耶和華是我的牧者，我必不致缺乏。他使我躺臥在青草地上，領我在可安歇的水邊。」**

只有這個幽谷小綠洲的青草地和谷中的溪水，是當時爲掃羅所率追兵追殺的大衛，可以歇息飲水以求活命的地方。

▲耶路撒冷旅行社領隊李英民長老正在朗讀詩篇23篇。

根據聖經的記載，在這廣大無邊無際的曠野，逃避被掃羅王親自所率的兵隊追殺，大衛王經常躲在石窟式的山洞中。最驚險的是，他曾經和掃羅王在一處洞穴中狹路相逢，還好洞中光線不足，大衛正

▲▶死蔭的幽谷

▲以色列的境內有很多曠野地區，都有著一種非常廣闊的山洞 傳說中大衛逃亡的時候，就經常躲在這一類的山洞裡面

好處於敵明我暗的暗處，才逃過一劫。他又大膽貼近掃羅王身邊，偷偷近身割下掃羅王身上袍子一角，然後到遠處低谷的對面坡上向掃羅王喊話，感動了掃羅王。但掃羅王後來仍然決意要追殺大衛，使大衛過了幾年顛沛流離的逃亡生活，甚至躲入與以色列猶太人對立爲敵的非利士人的敵營當中，直至掃羅王與長子約拿單遭到非利士人擊殺爲止，大衛王才得以率領他那批忠心相隨的四百人流亡部隊，開始在以色列南端的猶大地擴充軍事力量，終於在希伯崙稱王。繼而再攻入被亞布斯人統治多年的耶路撒冷，成爲整個大以色列地最具實力的君王。

大衛王以詩篇稱誦耶和華，再三強調耶和華是他的牧者，是他躲藏以保性命的山塞，是他逃避敵人追殺的高台，就是記錄了他在逃避掃羅王帶兵追殺慘境中的心境。而大衛原來是掃羅王手下的第一勇士，以十六歲之齡，在以色列和非利士人生死存亡的以拉谷對戰中，在非利士戰士、巨人哥利亞不斷的叫陣中，成爲代表以色列應戰的第一勇士，當時巨人哥利亞看到這個乳臭未乾的毛頭小子出現時，幾乎笑倒在地。結果是，大衛王說了一句，我奉的是耶和華眞神的力量來打死你！果然用聖經中所稱的機弦，將弦中的石子大力甩向哥利亞，哥利亞當場被石塊擊入前額，立即仆地而亡。在接下來所有和非利人的大小戰役中，大衛經常在交戰前求問於耶和華上帝，幾乎攻無不克，戰無不勝。以色列民在聖經中「撒母耳記」裏，高喊「掃羅殺敵千千，大衛殺敵萬萬」。在這種局面下，掃羅爲了將來長子約拿單接班，決心翦

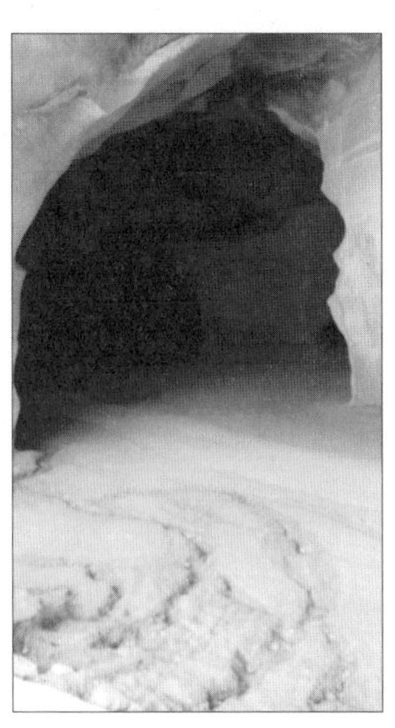

◀從這個山洞内外明暗的對比，就可以了解聖經中大衛王為什麼可在山洞中，割掉掃羅王的衣角而沒有被發現

▼從曠野中的山洞往外看又是另一種不同的景象

除大衛。陰謀刺殺未果之餘，大衛只得出亡。舊約「詩篇」裏的大衛所作的詩，大部份就是在這個時期完成的。而以在幽谷曠野中完成的第二十三篇最爲著名，傳誦千古。

掃羅王與長子約拿單死於對非利士人的戰役，其實是一種軍事政治上必然的結果。最勇猛善戰的將領大衛等人馬逃亡投敵，就註定了他必將敗亡的命運。而「撒母耳記」中的記載，先知撒母耳原來膏立掃羅爲王，但撒母耳違坑了撒母耳向他傳達的上帝的諭令，也就是拒絕順服於上帝的命令，於是撒母耳依照上帝的引領，南下膏立猶大支派的大衛爲王。大衛自此展開他的軍事政治生涯，由一先鋒勇士、宮庭侍衛、常勝軍團司令到遭忌流亡、逃奔投靠敵營的叛將、南面稱王，終於在北方以色列掃羅王朝第二代接班問題無法解決的情況下，大衛北上以色列統一了南北以色列，成爲以色列最偉大的軍事將帥。目前以色列國旗正中央的國家象徵六芒星，就是大衛之星，以此紀念這位偉大的君王。而新約聖經首頁，耶穌基督的前後

▲超大型的皂莢木是約櫃的製材

▲大衛逃亡時躲藏的隱基底，汲淪溪由此流入死海

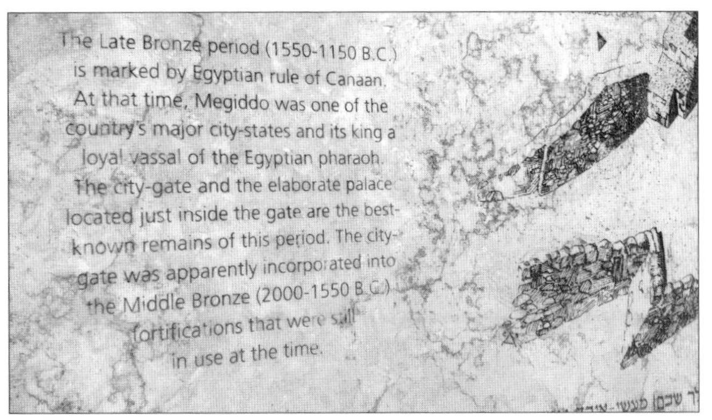

◀吉多頓（山）俯瞰聖經裡面的古戰場，約西亞王在這裡戰敗死亡，著名的拿破崙後來也戰敗於此。

四十二代的族譜，詳細地羅列了耶穌之前四十二代的族譜，而這些族譜中的人物，從亞伯拉罕開始，一直傳到最偉大的大衛王，最後才到耶穌，幾乎每一代人物都出現在舊約聖經中。這樣的記載，呈現了猶太人重要視歷史傳統與血緣的特性，如今的以色列國，雖然包涵了小部份的阿拉伯人，但只有純正的猶太人才能成爲以色列的戰士，在重要警戒地區揹槍的士兵，清一色是猶太人。有些具有悠遠歷

▼耶斯列平原，就是著名的古戰場。

史的宗教性聖殿區，甚至禁止非猶太人的以色列國民進入。而以色列軍隊的作戰方式，完全異於其他國家軍隊，軍官在最前端帶著士兵衝鋒，經常第一中彈身亡的都是軍官。也許，這與當年大衛在對戰哥利亞時打頭陣的傳統有關吧！

領受「十誡」石板律法的西乃山

舊約聖經「出埃及記」最重要的一段歷史景點，就是帶領猶太人出埃及的摩西，向上帝領受「十誡」石板律法的西乃山。

出了以色列關卡，進入埃及，映眼景物是另外一個殘破不堪的世界。雖然目前以埃的關係已沒有過去緊張，但離邊境不遠的以色列境內，還是可以看到一整列愛國者飛彈的發射裝備車對向埃及。過埃及海關時，可以看到埃及人嘻哈鬆散，與以色列人嚴肅警戒的態度形成強烈的對比。埃及紅海海邊可以看到一段綿延數里的未完成廢棄房屋，破壞了海濱的景觀，路上偶爾可見埃及的駱駝，騾子所拉著

▼埃及境內的紅海，不比以色列境內的紅海那麼遊客如織、熱鬧非凡

▲從埃及的曠野望向西乃山的方向景色相當壯觀，西乃山是摩西當年領受十誡之地，右邊是凱瑟琳修道院

的車上載著婦人和小孩。

西乃山，不但是摩西向上帝領受「十誡」石板律法的聖地，山腳下也是摩西在四十歲時從埃及逃亡至米甸，又過了四十年，也就是八十歲時，上帝在荊棘中突然起火，以火焰向摩西說話的地點。這株被形容爲「焚而不燬」的荊棘，也就是目前台灣長老教會的會徽，凡有長老教會的地方，必有這株荊棘，其上寫著焚而不燬的圓形圖案。這株荊棘就在西乃山腳，目前被關在當地「聖凱瑟琳修道院」的

◀以色列和埃及的邊境

圍牆裏，因此無法親眼看到。黃金田牧師好奇的問，三千五百年前上帝藉著向摩西講話的荊棘，眞的和現在的荊棘是同一株嗎？這是一個很有趣的問題，不管是那一種宗教，總會有一些理性無法回答的問題。

登西乃山的摩西，在聖經中，被稱爲最偉大的先知，並且是「從摩西以後，沒有比他更偉大的先知」。不過根據以「長夜」一書獲得諾貝爾和平獎的猶太人魏瑟，在十二年前接受美國媒體時代雜誌的專訪提到摩西時，以猶太人的身份給了摩西一個二十一世紀的現代定位，稱他是「歷史上第一支猶太人解放軍的總司令」。這樣的定位，在某方面而言，很可能是正確的，但卻無法突顯摩西的偉大。

▶以色列，往西乃山的途中。這一帶曠野當中的皀莢樹，在中東地區是非常重要的一種植物，因為聖經當中的約櫃，就是皀莢木做成的。它的根部可以深入地表超過100公尺，從裡面吸取水分上來，所以沒有下雨，仍然可以照樣成長。

▶製造約櫃的皀莢木

美國好萊塢電影，曾由著名演員卻爾登西斯頓在「十誡」一片中演摩西，十幾年前還有以「埃及王子」爲名的迪士尼卡通，但似乎都沒特別強調一個很重要的訊息，摩西是埃及法老王的接班人，將來有一天可能會成爲埃及法老王。

在摩西的時代，埃及是一個文明、學術、經濟繁榮的強盛國家，而且，在某種程度上，政治應該也是相當開明。從「出埃及記」的前一卷聖經「創世記」中可以看出，猶太人的奴隸約瑟，原先遭女主人誣陷，說他對她強暴未遂，使約瑟被男主人下到監牢裏。而事實上是女主人對約瑟強暴未遂。依照當時的律法，強暴女主人未遂是死罪一條，但男主人對約瑟與他老婆之間的問題，心知肚明，只把約瑟下到監牢裏面，好像是在宣告說，約瑟不可能強姦他老婆。但爲什麼要把他關到監牢裏，應當是留幾分面子，給他那個看到約瑟就春心蕩漾的老婆。

約瑟後來因耶和華所給的恩賜來爲法老王解夢，出任宰相，成爲法老王的代理人，也就是現在的行政院長，或君主制民主國家如日本、英國的首相或總理。從約瑟的出任宰相來看，埃及當時的政治是相當開明的。

而摩西與約瑟一樣，也是猶太人，但當時埃及法老王，對猶太人的政策愈來愈殘酷，下令屠嬰，只要猶太人的男嬰，一律殺無赦！但是摩西因爲上帝的安排，被放在蒲草編成的簍子，流放在尼羅河近岸的淺水區。尼羅河鱷魚一大堆，摩西這個可口的嬰兒沒有被吃掉，是因爲鱷魚對蒲草的味道有敏感症，聞了就想跑。這是埃及人的民間觀點，聽來頗爲有趣，摩西這個字的意思，是「從水裏上來」的意思。

根據聖經，摩西四十歲時，已通曉埃及所有學問，又說他長得俊美。這種人即使在現代的民主國家，也是標準的總統候選人，被法老選爲接班人也是很正常的。但當摩西發現自己是希伯來人，也就是猶太人，就連法老王也不想幹了，在一次埃及人欺壓猶太人的糾紛中，摩西出手拯救了那個被欺壓的猶太人，以致於打死了埃及人。只得出亡米甸曠野區，娶了米甸女子爲妻，做一個住在岳父家的牧羊人。摩西的性格，是典型的所謂上帝選民的猶太人性格，爲了自己的同胞，連法老王都不想幹了。也是這種一致團結對外的性格，使他們在如今強敵環視的巴勒斯坦地區，在亡國將近兩千年以後，奇蹟式地應驗了聖經中上帝的預言，再度從世界各地聚集回歸到中東地區，建立現代民主強國的原因。

在舊約聖經「出埃及記」，當耶和華上帝在米甸山區呼召摩西，帶他的希伯來人同胞出埃及時，摩西已是一名八十歲的老人。也就是說，他已經在米甸這個曠野地區，當了四十年沒沒無聞的牧羊人。所以，當上帝呼召他去向法老王面對面談判，要求把將近兩百萬的希伯來人帶出埃及時，摩西第一時間的反應十分清楚，他認爲這根本就是一件不可能的任務，所以向上帝表示，他無法承受如此艱鉅任務。

如果對照摩西自己留下來的詩篇，當中有「人生七十，若是強壯，可以活到八十。」的說法。摩西此時已時風燭殘年、行將就木的老朽之身。更有現代感一點的說法，摩西是一名已經度過刑事訴訟追訴時效的逃亡中的殺人犯。雖然說他基於義憤而殺人這個事件，經過四十年之久的當時，一切可能存在的罪證皆已煙消雲散。但殺人這個事實，畢竟還存在於他的心裏面，使他想平安度過餘生即可。所以對於上帝的呼召，一直保持著碍難從命的裹足不前態度。

接受呼召的摩西

對於摩西接受上帝呼召第一時間的反應，黃金田牧師說，上帝呼召人出來肩負使命和任務時，人都會因爲人性及心理上的軟弱而推託不就。就基督信仰而言，上帝往往就是在人的軟弱上，彰顯了上帝做爲一個神的大能，使軟弱的人因爲上帝而變得剛強，摩西就是最明顯例子。

在「出埃及記」裏，還有一段十分有趣的記載，上帝爲了要增強摩西的信心，就要他把手中那支手杖丟到地上去，摩西就聽命丟下。結果那支手杖變成一隻響尾蛇，摩西看了大吃一驚，但令他大受驚嚇的事還在後面，上帝還命令他把那條毒蛇，從尾巴的地方抓住。用手去抓毒蛇的尾端，是一件極爲危險的作法，摩西心驚膽顫的遵照上帝旨意抓了蛇的尾端，結果蛇又變回手杖。

黃牧師說，依照神學的觀點，神總是在培養和鍛鍊人對祂的信心。祂要摩西抓住毒蛇，除了強化他對上帝的信心以外，也有要他在神面前順服的意義。

究竟摩西是在西乃山何處領受十誡石板呢？經中沒有記載。黃牧師說，他所以登西乃山，一方面是要領會，那種耶和華上帝曾在這裏頒賜十誡給祂子民的感動，另一方面，也是要藉此紀念聖經中所稱「最偉大的先知摩西」。

他說，登西乃山一親聖澤，一直是他心中的一種渴望，前三次來以色列有兩次行程未列入，第一次來時以埃戰爭剛結束十天，更是不可能入埃及。上一次來，在西乃山要登山時，被駱駝的牽索絆倒，腳部受傷，無法上西乃山。

於是，這一次的西乃山之行，八十五歲的黃金田牧師，決定登頂一了心願。從外觀上來看，西乃山的坡度雖然不是很陡峭，但是山路面都是大小不一的石子。所以如果掉以輕心，隨時有跌倒的可能，黃金田在部份行程騎駱駝，部份行程由一位貝都因的阿拉伯青年攙扶上山的方式下，完成了他畢生一直懸掛在心的心願。

摩西活到了一百二十歲，上帝最後把他帶到尼波山上去，要他看整個迦南地，但卻不許他進入這個「流奶與蜜」之地，因爲他曾經驕傲不順服於祂。看完了上帝將帶領希伯來人進入的迦南地，摩西就死於尼波山上。

摩西生前曾留下了美麗的歌頌上帝的詩章，這首

▼死海的約海拔是負471公尺

詩章也非常著名，收錄在舊約聖經的「詩篇」這卷書中的第九十篇：

主啊，你世世代代作我們的居所。

諸山未曾生出，地與世界你未曾造成，從亙古到永遠，你是神。

你使人歸於塵土，說：你們世人要歸回。

在你看來，千年如已過的昨日，又如夜間的一更。

你叫他們如水沖去；他們如睡一覺。早晨，他們如生長的草，

早晨發芽生長，晚上割下枯乾。

我們因你的怒氣而消滅，因你的忿怒而驚惶。

你將我們的罪孽擺在你面前，將我們的隱惡擺在你面光之中。

我們經過的日子都在你震怒之下；我們度盡的年歲好像一聲歎息。

我們一生的年日是七十歲，若是強壯可到

▼裡面是聖墓教堂，左邊是大衛排、右邊是聖殿山

▶領隊為大家解說昆蘭發現死海古卷。死海古卷，是為目前最古老的希伯來文聖經抄本

八十歲；但其中所矜誇的不過是勞苦愁煩，轉眼成空，我們便如飛而去。

誰曉得你怒氣的權勢？誰按著你該受的敬畏曉得你的忿怒呢？

求你指教我們怎樣數算自己的日子，好叫我們得著智慧的心。

耶和華啊，我們要等到幾時呢？求你轉回，為你的僕人後悔。

求你使我們早早飽得你的慈愛，好叫我們一生一世歡呼喜樂。

求你照著你使我們受苦的日子，和我們遭難的年歲，叫我們喜樂。

願你的作為向你僕人顯現；願你的榮耀向他們子孫顯明。

願主—我們神的榮美歸於我們身上。願你堅立我們手所做的工；我們手所做的工，願你堅立。

雖然上帝指責摩西不夠順服，但他還是畢竟比自己說的年歲，多活了四十年。在尼波山與上帝同在準備結束他一百二十年的年歲時，與其說摩西是一位偉大的先知，倒不如說他是一位孤獨的先知更貼

▲浸泡在死海裡面可以讓身體更健康

切些。

上帝與摩西的關係

上帝要摩西命令曠野中的石頭湧出水泉，好給口渴萬分的以色列民喝。結果摩西大動作用手杖敲石頭，上帝認爲摩西太驕傲，才會有這個以杖擊石的大動作，因此對摩西不爽。另一個觀點來看，上帝和摩西的關係是很親密的，所以彼此會因一些小事而不爽。但對於基督徒來說，對上帝的話百分之百順服，連小差錯也要避免，是窮盡一生都學不完的功課。

曠野到處都是石頭，但在摩西帶領以色列民出埃及所行經的曠野，確實有些泉水會從石頭底下湧出來。所以摩西以杖擊石湧出水泉，是符合當地地理環境的條件，並非完全是憑空想像的神話。

進入耶利哥城

超過了一萬年歷史的耶利哥城，會如此著名，是因爲它是摩西死後，由摩西生前第一秘書官約書亞率領以色列民所攻下的最大的城。而約書亞攻城的方式非常特殊，他照上帝所指示，並沒有眞正用武力強攻，而是由所有兵士繞城七圈，邊繞城邊吹號角，耶利哥域就崩陷了。當時的號角，如今在以色列的許多紀念品販賣店可以買到，只是賣價不貲，大約一支在台幣五至七千元不等。這些號角大多是牛或羊的角，要眞正吹出號聲來，可能需要現代人會吹小喇叭的口技，才吹得出聲音。

以色列的兵士，依上帝的指示繞城吹了七次號角，奇怪的事情發生了，耶利哥的城牆，一時之間崩塌了下來，在上面守城的耶利哥士兵非死即傷。約書亞當場下令攻城，就攻下了迦南地第一大城，建立了他就任摩西接班位置以來，最大的一場戰功。

耶利哥城如此被吹號攻陷崩塌的情況，在人類的戰爭史上，實屬罕見。耶利哥城如今在以色列的巴勒斯坦自治區，以色列的猶太人幾乎不進來。我碰到一位十分奇特的巴勒斯坦人，他首先很熱心的

▼昆蘭山洞就是發現死海古卷的地方

表示願意送給我們這些來自台灣的觀光客「可蘭經」。為了證明「可蘭經」的偉大美好，他用一種阿拉伯風的歌曲低吟「可蘭經」的經文。我剛好與一位作曲家駱老師站在一起，駱老師隨即拿出紙筆要記錄他所吟唱的曲調。他卻強調這不是一首曲子，而是阿拉跟他們所說的話，言下之意好像不是很喜歡駱老師把他吟出來的聖語譜曲。除了「可蘭經」，他還向我們推薦「哈瑪斯」，也就是目前巴勒斯坦的激進恐怖政治團體。聽完這位巴勒斯坦自治區的伊斯蘭教熱心教徒的一番話，心中想起關於伊斯蘭教的一個給外界的印象，就是所謂的「一手可蘭經，一手彎月刀」。多年前，台灣開放的第一部東歐電影，叫做「奧圖曼帝國」。是保加利亞的電影，敘述一個孩童被擄去訓練成伊斯蘭教的聖戰士，然後奉派回自己的故鄉，要鄉人改信伊斯蘭教，凡有不改信者一律砍頭，甚至施以長刺自肛門穿至頭頂的酷刑，即使是自己的生身父親也不例外。這部電影令人印象最深刻的是，強調是根據眞

▼從耶路撒冷往耶利哥途中的海平面標準線

實的歷史拍成電影，其中許多演員，都是當年受害者的後代。

在這位熱心伊斯蘭教的巴勒斯坦人，向我們積極的推薦「可蘭經」、以及「哈瑪斯」，和巴勒斯坦自治區主流政治勢力的時候，雖然他臉上綻出親切可掬的笑容，但仔細觀察在他的眉宇之間，經常會不經意的露出一股微微一閃的肅殺之氣。這可能很足以代表伊斯蘭教巴勒斯坦人，甚至整個中東伊斯蘭教徒人民中，相當比例的阿拉伯人性格。美國著名的作家薩伊德教授，有許多為伊斯蘭世界辯解的書籍出版，但薩伊德這些專著，雖然享有盛譽和好銷路，卻始終如他其中一本名著「被遮蔽的伊斯蘭」一樣，連出身伊斯蘭地區的他自己都說不清楚，到底伊斯蘭是怎麼一回事。要弄清楚伊斯蘭的問題，也許最好的方法，就是回到舊約聖經中創世紀中有關阿拉伯人起源，也就是關於始祖以實馬利的記載，才能夠了解伊斯蘭阿拉伯恐怖主義的問題。

衝突之地中東　中東地區族裔問題與聖經

也許有人會認為，基督教的聖經是西方宗教，當然會鄙視東方的伊斯蘭阿拉伯人。這種想法是錯誤的，伊斯蘭的信徒除了讀「可蘭經」以外，舊約聖經也是他們非常重要的聖典。

我們到所謂的「第二聖殿」參訪時，就遇到一群又一群絡繹不絕的伊斯蘭信徒，一再敬虔叩地跪拜亞伯拉罕和他妻子莎萊的棺木。以色列的第二聖殿，亞伯拉罕的紀念堂，分成兩個區域各自有出入口。因為伊斯蘭教和天主教、基督教、希臘正教後三種信仰較為扞格不入，分成兩個不同的區域，以免造成可能發生的不必要糾紛。一個區由基督教、猶太教徒、希臘正教等敬拜，另外一個區，則是由以伊斯蘭信徒為主的混合教拜區，地面全部都舖上地毯，而不分教派，大家都尊亞伯拉罕為他們共同的始祖。

紀念堂裏有一些小型的房間，可看見裏面的鏤空屏風，正有猶太人的拉比指導學生閱讀和討論經典，這似乎也反映了猶太人自幼即熟讀舊約經典的特色，此一強烈追求信仰中所來的智慧與聰明，似乎也造就了以色列國民，尤其是猶太人以色列國民的特質。

在聖經中最著名的信心行為，也就是上帝命令亞伯拉罕獻上他的獨子以撒為祭時，亞伯拉罕準備用刀切入以撒的胸膛時，上帝即時阻止了他。這個故事在未信者聽來，極為違反人性又恐怖，但卻是亞伯拉罕被稱為信心之父的主要理由。

領隊李英民長老說，以色列當地導遊告訴他，伊斯蘭阿拉伯人說，亞伯拉罕向上帝獻祭的，不是猶太人第二代始祖以撒，因為他事實上不是長子，而是婢女夏甲之前與亞伯拉罕同房，所生的以實馬利才是長子。所以亞伯拉罕向上帝獻祭的是以實馬利，因為上帝要人獻上的都是長子，如果以羊羔獻祭，則必須是頭胎的。簡言之，伊斯蘭阿拉伯人認為在神面前，不管祂是上帝還是阿拉，以實馬利人傳下來的阿拉伯人，才是上帝眼中的正朔，比猶太人更有資格稱為上帝的選民。

在宗教信仰極度敏感的中東，這一類問題實在不是來自台灣這個多神教的人所能了解的。由於信仰問題極度敏感，所以第二聖殿區和第一聖殿區，同樣有全副武裝的士兵在現場檢查。而在整個以色列，不但有約旦河西岸的佔領區，東邊的巴勒斯坦自治區，在進入以色列的主要猶太人區時，都要接受以色列士兵詳細的盤查。我們朝聖團在約旦河西岸返回以色列猶太人區，放在巴士底層的行李要接受雷達掃瞄區的檢查，還會再三追問行李中是否有其他人託寄的物品。而登上巴士檢查的小組成員，第一位是持輕機槍，手指還按在板機上的士兵，全副武裝卻有禮貌的向大家打招呼，第二位負責檢查護照的是一名很年輕的女士，她檢查護照的眼神和表情，像所有其他的以色列人一樣，用銳利的眼神再三對照相片是否爲同一人。緊接其後的仍然是一名全副武裝，食指按在機槍板機上的士兵。據說之前在檢查哨時，曾有人對檢查做出不耐和抗拒的動作，當場遭到射殺。

在敵人環伺下的以色列，南部對著埃及的方向，有愛國者飛彈部隊，在北邊的戈蘭高地，則備有戰車部隊，而巴勒斯坦自治區和約旦河西岸的佔領區，則有火力強大的阿帕奇戰鬥機和其他的軍機巡邏。

到處可見的高壓電線上，都裝上了黃色和紅色的圓球，就是在防止低飛巡邏的軍機碰到電線而發生意外事件。以色列確實是一個相當特殊的國家，人口八百多萬，土地面積爲台灣的百分之五十八，但卻全民皆兵，軍事武器出口數在全世界排名第四，說是「以戰立國」也不爲過。

回到伊斯蘭人以實馬利與猶太人以撒，在神面前爭取正統名份的問題上，聖經的記載是，以實馬利就是阿拉伯人的始祖。聖經還特別強調，以實馬利的後裔具有強烈的好戰性格，如非與外族鬪、就是族內各派也會互相爭鬥，觀諸幾十年來的中東軍事

◀中間的人形大石塊就是上帝在毀滅所多瑪的時候，羅德的妻子沒有依照天使的吩咐而往後看，因此化成鹽柱。

情勢的發展，三千五百多年聖經關於阿拉伯人的預言，可以說是準確到令人難以置信。最大規模的伊斯蘭阿拉伯人的戰爭，就是前後共達十年之久的兩伊戰爭，死亡人數幾十萬。至於同一國家內遜尼派與什葉派之間的武裝衝突，更是經常發生。

舊約聖經中亞伯拉罕接待上帝與天使的地方，稱爲幔利，因爲年代久遠目前已看不出當年的景象。但這段「創世記」相當深刻，如前所述，上帝對亞伯拉罕夫婦預告，明年他們將得一子名爲以撒。還有上帝與天使二人一行，要去毀滅所多瑪與蛾摩拉的行動。由於這兩個城市已經惡貫滿盈，上帝的二名天使就在到達的第二天一早，徹底毀滅了這兩處城市。現在有些科學上的研究指出，這兩個城市在一時之間成爲灰燼，連羅德的妻子回首一望，霎時變成了岩柱，可能天使所使用的毀滅方法，有點像是目前已知的原子彈這類可怕的爆炸物。而羅德一家之所會存活，一來是上帝看在他是亞伯拉罕的侄子，二來則是羅德一家人尚可稱爲義人，並未如他

▼聖經中變成鹽柱的女人，就是羅德的妻子

人般邪惡萬狀，又在兩名天使遭到同性戀惡徒的性威脅時，出手營救天使，因此得以倖免。可惜羅德的妻子，沒有依照天使不得回頭觀望的吩咐，一回頭即遭到爆炸的輻射力，頓時成了鹽柱。

黃金田牧師根據聖經的經文指出，亞伯拉罕是羅德的叔父。亞伯拉罕蒙上帝的召喚，由拜偶像的吾珥離開家鄉時，羅德因為父親早已去世，所以就跟著叔父離開了吾珥。在一場戰役中，羅德一家遭到了敵方的擄掠。亞伯拉罕在得到了消息，隨即召集了家族內三百一十八名的人馬，由南至北追逐了將近二百公里之遙處，救出了羅德的家族，連同統治南方的五個王被擄掠的人馬，也一起救了出來。亞伯拉罕隨即將這場戰役中，將從敵人北國四王所奪來的戰利品的十分之一，奉獻給撒冷王麥基洗德。

黃牧師說，這應該是猶太教和基督教教徒十分之一奉獻的由來和起源。而所謂的「撒冷」就是後來以色列聖殿的所在聖城「耶路撒冷」最早的簡稱，而當時麥基洗德的身份就是大祭司「撒冷王」，意思就是「平安王」。所以在前往以色列的途中，不管是在飛機上、飯店，甚至在一些販賣店或超市，經常會聽到「撒冷」這樣發音的問候語。在新約聖經中的「希伯來書」這卷書中，還特別尊稱他是最高等次的祭司，就神學的意義來說，麥基洗德所受的十一奉獻，不但如聖經所言，「他是至高上帝的祭司」，也是耶穌即將來臨救贖世人的預表人物，位極尊榮。

亞伯拉罕在十分之一的奉獻以後，又對所多瑪王說了一句非常重要的話，就是所多瑪王要他從戰利品中取去財物時。亞伯拉罕表示說，他以至高神上帝的名義發誓，就是一根線，一根鞋帶，他也不會

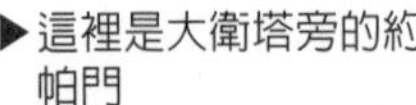

▶這裡是大衛塔旁的約帕門
2014年的5月下旬，教宗抵達以色列訪問，希望促成以色列和巴勒斯坦政府之間的和平。所以以色列境內到處可以看見懸掛教宗照片的廣告。可惜的是，在教宗離開以色列以後，以色列境內有3名神學生遭到哈瑪斯激進份子的殺害，以色列軍隊因此報復性的殺了一千多名哈瑪斯恐怖分子。

拿走，免得有人說他是因此而發財。這種冒著生命危險去營救人質，又打敗敵營奪回戰利品，將其十分之一奉獻給「至高神上帝的祭司麥基洗德」，而自己卻分文一介不取的人格特質，展現了他蒙上帝召喚在地面上建立起「上帝國」的偉大使命感所具備的特色。

黃牧師說，上帝之所以呼召亞伯拉罕，還有一個很重要的因素，因爲亞伯拉罕的父親當時在吾珥所做的生意，就是刻偶像賣給喜歡拜神像的人。亞伯拉罕對他父親所做的神像生意很不認同，曾經加以勸阻，但他的父親當然是不爲所動，於是亞伯拉罕趁他父親外出的時候，將偶像破壞。雖然如此，在心靈深處追求眞神的亞伯拉罕，經常對著太陽和月亮膜拜，這種追求眞神而不可得的飢渴慕義精神，終於使上帝親自顯現，召他出吾珥，往目前是以色列的南方國境去，並允諾將迦南美地賜給他的族裔。

▲亞美尼亞人的賣店

從現今的地圖來看，吾珥位於當時的巴比倫帝國，往南到上帝應許的迦南美地，路途極爲遙遠。

亞伯拉罕蒙上帝呼召從他的故鄉吾珥離開，沿途經過將近二千公里之遠來到幔利，即是一項人類罕有的家族大遷移史。黃牧師說，以現代人的眼光來看，在當時要離家兩千公里漂泊他鄉，是很不可思議的一件事。他還爲此查考由美國宗教學教授哈利．湯馬斯．法蘭克所寫，日本譯者秀村欣二、高橋正男所翻譯的「聖經的世界」日文版書籍。亞伯拉罕原來名爲亞伯蘭時，所居住的城市「吾珥」是當時世界最大的商業中心，也是一個貿易鼎盛的海港城市。北邊和西邊各有北港和西港，城市內的居民將近三十萬人，內城區四萬，外城區二十五萬，

▶歷史上所羅門王的王妃藏身之處現在已經變成阿拉伯人的社區，下面的洞穴就是他們現在的墓園

由五十米至九十米的磚墻圍成，根據法蘭克教授的研究，當時的城市建造者，由於對石頭的使用尚不熟悉，以致於整個城的主體建築，包括其中居民所住的二樓式房屋，後來均漸漸崩壞，而埋在沙土堆中。約十九世紀末由英國駐當地的領事發現關於

「吾珥」城的古代文獻，而在一九二二年由考古學家挖掘出城址。這不但在二十世紀印證了四千多年前聖經記載的眞實性，也更令人體會到亞伯拉罕遵神指示而行的奇妙作爲的特殊本質。尤其在將目前以色列城市風貌，與化爲一片黃沙土的「吾珥」做比較，更可以領受到其中的意義與價值。

族裔問題在中東地區的敏感性，從李英民長老轉述的實例可見。在一九六〇年代的以埃六日戰爭中，埃及的國防部有一名國防部長的高級參謀，本身具有猶太人血統，卻秘而不宣。他和國防部長巡視軍隊時，建議部長在駐軍所在地上種植植物供軍人遮陽乘涼。後來在六日戰爭中，以色列空軍對各

▲歡迎教宗來訪的海報

▲在巴勒斯坦自治區裡也懸掛教宗即將來訪的廣告，中間為巴勒斯坦總理

地樹下的駐軍處大肆掃射和轟炸，造成埃及軍隊嚴重的損傷，埃及國防部查出了這名以色列血統的高級參謀，決定處以死刑。以色列提出換俘，和給付大筆賠償金的條件，都無法獲得埃及同意放人，終遭處決。對這名有以色列血統的埃及軍官而言，他的國家認同，顯然是以色列而非埃及，他遭到埃及處決，也是爲他的祖國犧牲的一種方法。

以色列自一九四八年獨立以後，一直面臨阿拉伯國家的戰爭威脅，如中東六日戰爭，除了埃及以外，還有其他的國家軍隊參與，一直到目前，這種情勢都沒有改變。像以色列這種人口才八百多萬的小國家，要在中東地區抗衡其他人口數大出好幾倍

▲伯利恆外牆掛著教宗和巴勒斯坦總理握手的照片

▲以色列的阿帕契 直升戰鬥機在境內都是低空飛行，因此很多高壓電線繫上了紅色氣球，以免飛機撞上

的國家，沒有這種勇敢不怕犧牲精神的以色列精神，是很困難的一件事情。

而在其他各行各業，人民的敬業精神也相當積極，因此以色列的國民生產所得，是中東地區最高的，對一個沒有石油出產的中東國家而言，也是非常特殊的。

前往耶穌誕生的伯利恒

伯利恒，耶穌誕生在馬槽，更準確來說，耶穌誕生在應當是馬飼料之槽。當地保留下來的石製馬槽，果然是放飼料給馬吃的石槽，剛好是一個可放置嬰兒大小的槽子，而且因爲內凹，四週圍起的槽緣，可以防止剛生下來的耶穌嬰兒，不會從槽內掉到外面來，這應當是人類最早期的嬰兒床吧！

黃金田牧師說，早在五百多年前，在舊約聖經中的先知書「彌迦書」中，彌迦就已預言了耶穌即將誕生在伯利恒。在彌迦書第五章第二節開始，這段經文記載了彌迦的預言：「**伯利恒以法他啊！**（以法他是伯利恒的古地名）**你在猶大諸城中為小，將來必有一位從你那裏出來，為我作掌權的，他的根源，從亙古，從太初就有。**」而所謂「從亙古，從太初」這般話，指的是「創世紀」中第一章二十六節：「**神說，我們要照著我們的形象，接著我們的樣式造人。**」既然上帝是獨一的眞神，何以在這裏神說，依照「我們」的形象？這裏的我們即包括了在「約翰福音書」的第一章所說的，「**太初有道，道成肉身**」的耶穌，所以，從先知彌迦的預言貫穿了綿延無盡的時間，直到五百多年後的耶穌。

黃牧師說，除了預言耶穌的降世爲人，他最爲人所稱道和熟悉的是，從第六章第六節開始的經文「**我朝見耶和華在至高神面前跪拜，當獻上什麼呢？豈可獻一歲的牛犢為祭麼？耶和華豈喜悅千千**

▲梵蒂岡送給拿撒勒耶穌出生的報喜堂的壁畫

的公羊，或是萬萬的油河麼？世人啊！耶和華已指示你何為善，他向你所要的是甚麼呢？只要你行公義，好憐憫，存謙卑的心，與你的上帝同行。」在這段經文中，彰顯了上帝的公義性格。

伯利恒原意是「穀倉」，意思是從這裏可以提供鄰近區域的糧食。著名的英國牧師，也是當代最傑出的解經家大衛鮑森在他「舊約縱覽」指出，伯利恒除了提供鄰近區域的糧食，更是提供小羊羔做爲向神獻祭的主要地區。大衛鮑森因此指出，耶穌在這個名爲伯利恒的地方出生，象徵他將被釘在十字架上，做爲世人贖罪而獻給神的羔羊。此觀點是耶穌被稱爲「神的羔羊」的由來，也是「代罪羔羊」一詞的由來。

大衛鮑森指出，耶穌的母親瑪利亞本來是住在拿撒勒，照理說耶穌應該誕生在拿撒勒。因爲當時羅馬總督下令要所有人回原籍登記戶口，所以才由約瑟帶著妻子瑪利亞和耶穌回伯利恒登記，如果不是羅馬總督下了這個命令，前面所說的彌迦先知的預言，就無法應驗在耶穌的身上。但是彌迦先知所指的君王，就神學的角度而言，耶穌是使世人和平的

▲約瑟（耶穌的養父）紀念教堂

▲拿撒勒報喜堂外面的牆上，分別有馬太、馬可、路加和約翰的名像

大君王，也是將爲普世所尊崇的救世主。

耶穌的故鄉拿撒勒居所，在如今已建成「報喜堂」教會，牆上和地面，都有樹幹和樹幹上所生的樹苗，因爲拿撒勒地名的意思就是樹苗、根苗、苗裔的意思。在耶穌騎著驢駒進入耶路撒冷時，眾人對他所呼喊的就是「大衛的根」、「大衛的後裔」的話語，其來源也是本於拿撒勒。

「彌迦書」第五章三節：**「耶和華必將以色列人交付敵人，直等那生產的婦人生下子來，那時掌權者其餘的弟兄，必歸到以色列人那裏。他必起來，倚靠耶和華的大能，並耶和華他神之名的威嚴，牧養他的羊群，他們要安然居住，因為他必日見尊大，直到地極。這位必作我們的平安。」**

以色列現況顯示，耶穌的聖名，確實已傳到地極。每天到以色列依照聖經和耶穌行蹤來朝聖的人絡繹不絕。

「耶和華必將以色列人交付敵人」，耶穌時代以色列是歸羅馬統治。可以說，彌迦的先知預言，極為準確。

▼這一面牆壁當中的紅色圖記象徵著創始成終的神與耶穌

拿撒勒的「報喜堂」　人類喜歡拜偶像？

拿撒勒的「報喜堂」（天主教堂）興建得相當講究和氣派，最底層的地下室，可看到耶穌的母親馬利亞當年遺存至今的住處。這個住處如今看起來像一個半洞穴的居所，在「報喜堂」的內側，則興建了一座天主教道明會的禮拜堂，禮拜堂的底層地下室，也是存留了耶穌當年的住處。在禮拜堂周圍的壁上，有好幾幅馬賽克和油畫繪製而成的兒童耶穌與父親約瑟，母親馬利亞的繪像。

正中央供信徒敬拜的大繪像，十二歲的耶穌，頭上頂著光環，左右兩側是父親約瑟和母親馬利亞。右側則是耶穌在一群人當中，以一個十二歲少年孩童的形象，聆聽會堂中進行中的舊約聖經的教導。

這座天主教堂的繪像，根據的是「路加福音」第二章四十一節：「**每年到逾越節，他父母就上耶路撒冷去。當他十二歲的時候，他們按著節期的節期上去。守滿了節期，他們回去，孩童耶穌仍舊在耶路撒冷。他的父母並不知道，以為他在同行的人中間，走了一天的路程，就在親族和熟識的人中找他，就回耶路撒冷去找他。過了三天，就遇見他在**

▶聖母馬利亞住家的後院原貌

▲天使向聖母馬利亞說，她將會聖靈成孕，馬利亞一臉驚惶。

▲馬利亞未婚懷孕，她的丈夫約瑟滿臉愁容（報喜堂外的雕像）

▲約瑟教堂的全家福雕像

▲最典型的馬利亞雕像

殿裏，坐在教師中間，一面聽，一面問。

凡聽見他的，都希奇他的聰明，和他的應對。他父母看見就很希奇。他母親對他說，我兒，為什麼向我們這樣行呢？看哪，你父親和我傷心來找你。耶穌說，為甚麼找我呢？豈不知我應當以我父的事為念麼？」

當耶穌反問他母親「是不知我應當以我父的事爲念麼？」時，依神學的原理，耶穌雖然才只有十二歲，但他認知耶和華上帝是他的父，這樣的認知意識，就已經顯示了耶穌「神與人同在」的特性，就是新約聖經中經常提到的「以馬內利」，以馬內利這四個字的意思就是神與人同時存在一個軀體。在整個人類的歷史，這種既是神、也是人的角色，只有出現過一次，就是耶穌這個人。

我們在「報喜堂」的馬利亞住處興建的教堂裏面，當天還見到一批人彈著吉他唱歌，還一邊呼喚馬利亞一邊流淚。

令人印象深刻的是，聖母馬利亞的形象，依照各國民情而有所變化。例如馬利亞抱著耶穌聖嬰的畫像，中華民國是依照「送子觀音」的形象畫出。而在報喜堂的內部，台灣的天主教總會送來的聖母聖嬰像，台灣人不免叫了出來，「哇！這就是台灣的媽祖嘛」！

原來這座聖母聖子像，聖母是坐著，頭頂著台灣媽祖紅色小圓球的華冠，身上披金戴銀，左側的聖子耶穌，做得像台灣某些宮廟的童子神像。

天主教傳到中國時，爲了符合中國人的國情，特別向教廷申請了准許中國人天主教徒拜祖先的儀式，後來就變成了天主教徒，可以燒香拜拜的現況。拜祖先的習慣，使我想起台灣知名作家宋澤萊

▲中國送給報喜堂的壁畫，其中聖母馬利亞和耶穌簡直就是送子觀音和散財童子。

▲台灣送的聖母馬利亞和耶穌像：好像媽祖與小童（標示China 實為台灣）

對此的研究和闡釋：在中國古代商朝的文獻中，很清楚了記載了中國人一種舉世無雙的祭拜習俗，就是對天拜天神，對地拜地祇，而對於人，在人死後，就祭拜這個人的鬼魂。宋澤萊指出，自此以後，華人就成了一個「對天拜天神，對地拜地祇，對人拜人鬼」的民族。現在還有很多台灣人拜「地基主」，其實就是「地祇」，也是神明的一種，後來大概是為了神像化，就跑出了一個土地公出來。人只喜歡拜偶像的像，由此可見一斑，也可以說是普世皆然的現象。上帝會呼召家裏做刻偶像生意的亞伯拉罕出來與他立約，要他棄絕偶像，只能敬拜

▲斯洛伐克送給報喜堂的壁畫

▲希臘送給報喜堂的壁畫

▲捷克的壁畫

▲聖馬利諾送給報喜堂的壁畫

▲西班牙送給報喜堂的壁畫

▲南韓送給報喜堂的壁畫

▲日本送到拿撒勒報喜堂的壁畫

▲義大利送給報喜堂的壁畫

▲智利送給報喜堂的壁畫

▲法國的壁畫

獨一的眞神耶和華，使他的子孫成爲神上帝的選民，應當就是針對人類這種無窮無盡祭拜偶像的習俗。根據一項研究，台灣的神明和神像一共有一百二十多種，甚至連狗、石頭、樹木都可以成爲廟裏被祭拜的神明。

人類喜歡拜偶像的習俗可以說是極難改變，以「舊約聖經」中被稱爲「智慧之子」的所羅門王爲例，他在自己所寫的舊約聖經中「傳道書」中，開宗明義講得很清楚，說：「**敬畏耶和華是智慧的開端。**」可是到了晚年時，他後宮嬪妃數千人，其中不少爲他寵愛的妃子喜愛拜偶像，所羅門王就陷入了蓋廟拜偶像的漩渦中。那爲何說敬畏耶和華是智慧的開端呢？其道觀很簡單，各種偶像崇拜有各種迷信，甚至愚昧、可怕的習俗，例如抽籤、卜卦、過火，以刀劍自我擊身，將長刺針貫穿臉頰，觀落陰去交鬼，這些習俗都會使人陷於愚昧的魔境之中。而敬畏耶和華者，除了要棄絕這些昏昧之事，還每日要讀聖中的各種教導。

以色列並沒有憲法，法律對於人民的規範也不是很完備。可是因爲以色列人熟讀舊約聖經的教導，這些教導自幼就成爲以色列人心中定型的律法。

來過以色列前後共四次的黃金田牧師說，以色列的監獄其實很小，關的犯人也不多，這與猶太人依照聖經教導來生活有很大的關係。

在「報喜堂」中所看到的中國「送子觀音像」和中華民國的以媽祖形象當作聖母馬利亞，使我想起一場短暫的澳門之行。從澳門機場前往澳門規模最大的賭場「威尼斯人」的途中，可以看到海邊有一尊巨大的女神像，這座女神像外貌極爲特殊，看來像聖母馬利亞，又像觀世音，當地的人甚至認爲聖母馬利亞，觀世音菩薩、媽祖其實是「沒有分別」的。類似的觀點，在台灣也有人曾在報紙上登過南部著名法師星雲的廣告文章，也是把觀世音和媽祖列爲同等神明。

初識過去與現在的以色列

以色列建國的第一任總理本·古里揚，於一九四八年在特拉維夫宣佈獨立建國。

而以色列的錫安復國主義，最早在二十世紀初開始了萌芽階段。

以色列人最早的屯墾區是在「約帕」這個地方。舊約聖經中最不願意順服上帝的先知約拿，不願依照上帝的命令前往尼尼微城傳「神要人悔改」的訊息。因爲尼尼微是敵對國家，就從約帕坐船往相反的方向乘船，逃離上帝的使命，結果在海中被大魚吞入魚腹，三天以後再從魚腹中被救出來，才往尼尼微城執行上帝所命定的任務。

而舊約聖經中關於約拿葬身魚腹的故事，也被認爲是預表了未來新約耶穌基督死後三天復活升天的象徵。

約帕城在二十世紀初開始出現屯墾區，逐漸擴大到特拉維夫等地區。而特拉維夫在一九四八年建立爲首都以後，發展爲現代化的都市，也成爲聯合國世界教科文組織所指定的「現代化運動」類型的世界遺產。雖然特拉維夫是以色列的首都，但是以色列在一九六七年的中東六日戰爭勝利以後，陸續將中央政府及國會，遷至耶路撒冷，但國際社會仍然視特拉維夫爲首都。

就地理位置而言，約帕與特拉維夫相距不遠，建國六十多年來，這兩個城市已經是相當典型的雙子星城市，也成爲以色列這個國家，與國際社會互動的大門。

在陽光充足、天氣晴朗的好日子，常可見插滿以色列國旗，上有白底的藍色大衛之星。在這個世界上如果要找一個最愛國的人民，應當非以色列莫屬了。

西邊地中海上空的空中，看到烏雲一片，才不到五分鐘，從地中海方面飛撲過來的烏雲，已經籠罩在原本晴朗而陽光充足的天空，氣溫也隨之立即下降，這種氣候的變化，正是眾人熟知的地中海型氣候。

舊約聖經「歷代誌」上卷中，先知以利亞向上帝求雨的過程，驗證以色列的氣候眞的是變幻莫測。當時以色列國連續二年不雨，先知以利亞向上帝求雨。求完以後，以利亞命令童子到西邊觀測，起先仍是晴空萬里，沒多久以後，在遠處的天氣就出現了小小的烏影，很快地烏影由小變大，變爲遮蓋天空的烏雲，隨即降下了傾盆大雨來。

除了地中海型氣候的變化以外，南部的沙漠地帶，以色列也興建了相當浩大的引水灌溉工程，還發明了全世界著名的滴水灌溉法，將沙漠改造爲人工綠洲。不但符合了聖經稱頌上帝所祝福的「在沙漠中開江河」，也展現了開國英雄本・古里昂「以色列的前途在沙漠」的願景。

本・古里昂不但在沙漠地區開設了本・古里昂科技大學，鑽研水利灌溉技術。古里昂夫婦去世以後，在當地共同擁有一塊素樸的小型花園公墓，供以色列人追思。歷史最悠久的希伯來大學，也可見以色列人追求知識與學問、智慧的決心，與他們建立國家的強烈企圖心是相當一致的。

新約聖經信仰的最核心，就是耶穌進入耶路撒冷後，在「馬可樓」進行「最後的晚餐」，然後再到「客西馬尼園」進行最後的禱告，並在「客西馬尼園」遭到加略人猶大的出賣，而遭到大祭司該亞法

◀雅各的陵寢，雅各被上帝改名為以色列。

▲猶太人拉比（教師）及學生

▲猶太人敬虔教派的修士，很會搞笑！

▲搞笑的胖猶太人敬虔派修士

的手下的逮捕、刑求，然後再送到安東尼堡接受羅馬總督本丟比拉多的審判。

本丟比拉多宣告「流這無辜人的血，與我無關」。根據「約翰福音」的記載，在場的猶太人，不斷地叫囂道，「流這人血的罪過，歸在我和我們的子孫身上」。因爲「約翰福音」記載，造成了後來的天主教徒，甚至新約運動後的基督徒，對於「猶太

▲裡面放著猶太教經典的妥拉（經書櫃子）

▲雅各墓外面的妥拉（經文櫃子）

人」，產生了莫大的仇恨心理，以致後來在天主教的發展史上，和猶太人之間的仇恨與對立，也相當的嚴重。即使進行宗教革命的馬丁路德，也對猶太人深惡痛絕，甚至認爲猶太人性格十分明顯的「雅各書」不應列入書卷之中，而雅各書的作者，正是耶穌的親弟弟。其中是非曲直，可以說是十分錯綜複雜。

但據權威的大衞鮑森牧師研究，在新約聖經「約翰福音」寫作的時代，所使用的「猶太人」，其實是一個新名詞。因爲從舊約聖經的「創世紀」的時代開始，自從亞伯拉罕被上帝呼召離開吾珥這個地方，而與上帝立約開始，由其血脈所出的族群，是被稱爲「希伯來人」，而希伯來人的含意，就是離開自己的家，遠行到他方、追隨上帝腳步、與上帝往來交通的人的意思。

亞伯拉罕因爲信上帝，追隨上帝的腳步，所以上帝就祝福他必成爲萬邦萬族之父。不過由於其妻莎萊的主張，而與婢女夏甲生下了長子以實馬利，也就是今日的阿拉伯各族最早的族長，也因上帝的應允，而在其妻莎萊九十歲時，生下了嫡出的兒子以撒，如今很多以色列人取名爲「以撒」也源自於此，其中在近代最爲著名的就是一九七八年得到諾貝爾文學獎的以撒辛格。

以撒在生下以掃和雅各雙胞胎兄弟時，也因爲上帝的揀選，而讓比較晚出生的弟弟雅各成爲第三代的族長。並且因爲雅各與上帝之間親密的互動關係，而被上帝改名爲以色列，這就是如今以色列人的由來。而「以色列」這三個字的意思，就是與上帝摔跤的人。

至於猶太人這個稱呼的出現，始自約翰福音，比較正確的是猶太行省，也就是總督本丟比拉多治下的猶太人，包括了以聖殿祭司長該亞法爲首的法利賽人。

大衛鮑森指出，耶穌在世傳道的前三年，他在以色列北方的加利利一帶，非常受到當地以色列人的歡迎與喜愛。而南方耶路撒冷的猶太人，也許是因爲宗教政治利益的衝突，經常出現殺害先知的罪行。

至於耶穌被釘十字架的時代，統治猶太地區的希律王，是前述雅各的雙胞胎哥哥以掃，後來成爲與以色列人敵對的以東人的後代。希律王死後，以東

◀希律王城堡遺址

▶希律王城堡的還原模型

▶希律堡內部

人的血脈也就到此爲止，因此希律王又被稱爲「最後的以東人」。

以色列首都耶路撒冷信仰中心聖殿山，其對岸爲希伯來人墓園區的墓地，價格相當昂貴，而且不是希伯來人，也就是猶太人就不得在那個區域入葬。另外，所有的墓地上面的權位一律面向聖殿，這是因爲聖經中記載，當彌賽亞耶穌基督再度降臨時，就是降臨在聖殿山，而所有的死人、活人都要得救，因此他們就面對聖殿山而埋棺，棺中的死人的臉和身體方位一致朝向聖殿山。

當以色列的彌賽亞也就是救世主耶穌來臨時，將從聖殿山高聳的大石壁牆的「金門」進入，所以所有的阿拉伯人的墓地，都聚集在「金門」門口外面的斜坡路徑上。阿拉伯人這麼做，是要阻擋以色列人的彌賽亞從「金門」進入。這種希伯來人和阿拉伯人之間的難解仇恨與心結，不但是在他們活著時是如此，即使死後也是如此，可以說這兩個民族的仇恨與心結，是帶進了棺材裏面。

根據聖經的記載，彌賽亞來臨時，即地球毀滅的時刻。所以，可以說這兩個民族之間的衝突，將永無止境的一直延續到歷史結束之際。

關於這樣類似的理論，伊朗前任總統內內賈德就曾說過一句令人印象十分深刻的話：「當第十四阿瑪目（伊斯蘭教的彌賽亞或者說是救世主）來臨的時候，這個世界將被毀滅，而最適合在那個時候照亮這個世界的，無疑就是（伊朗所製造的）核子彈爆炸時發出的亮光。」而內賈德甚至還指出，這個末世理論既然是以色列的猶太人發明出來的，當然伊朗的核子彈所引爆的地方，當然就非以色列國莫屬了。

▼希律堡現況

▶麥比拉的底下洞穴

▲希伯崙的麥比拉洞，本體建築物是希律王修建的。和耶路撒冷的西牆並稱為兩大聖地

末世的復活理論，確實源自於以色列人的聖經。所以以色列政府雖然沒有限制宗教的自由，但卻限定希伯來墓園的入葬者。將近十年前，有一個絕無僅有的例外，這個希伯來墓園唯一的非猶太人入葬者，不但不是猶太人，而是令人意外的德國人，這個德國人的名字叫做「辛德勒」，提到這個名字，大概很多人就可以了解到，他確實是值得享有這個特權的。

美國導演史提勞・史匹柏曾拍「辛德勒的名單」，這部得到多項奧斯卡金像獎的大片。辛德勒是一家軍需工廠的負責人，他爲了拯救猶太人免於被當時希特勒的德國軍隊所屠殺，以需要聘用猶太工人爲理由，列出了將近三千人左右的名單使這些人得以存活下來。

這位蒙以色列政府破例准許下葬的非猶太人，在下葬時，有當時被拯救存活者的後代子孫來參加，人數整整超過了七千五百人，辛德勒的葬禮場面可以說是盛況空前。

我望著橄欖山上並非十分廣大的橄欖山墓園，想像七千五百多人眞的懷著感恩來悼念他們先人的救命恩人立德勒，心中難免也有一絲感動欲眩的心情。

對於後來經營電梯公司財務困窘的辛德勒來說，這樣的身後殊榮其實是非常難得的。也許這就是耶穌所說的，你們要積財寶在天上吧。當彌賽亞再臨的時候，相信耶穌右邊的寶座上，也許會留一個非猶太十二支派的德國人辛德勒，接受猶太十二支派所有復活的猶太人，高聲歡呼的景況也未可知呢。

再一次去埃及，殘破之景況更倍甚於前一年之行。原來是不久前爆發了二十年來所僅見的大洪水。沿海公路內側丘陵平原，還有一些有人居住的村落，在大洪水的洗禮之下，房屋已成殘垣斷壁，有些小村落是以破破爛爛的破木板或布條來遮風蔽雨，沿海公路的有些路段都已經崩塌，路面只剩下原來的一半左右。

在摩西率領埃及的希伯來人出埃及的時候，埃及應該是世界最繁榮、最富庶、文明水準最高的時期。而摩西當時的身份貴爲法老的王子，又是在埃及最高學府受過學術訓練的知識份子，他帶領將士約兩百萬人的希伯來人出埃及，是一項艱耗又浩大的任務，而在他們出了埃及以後，在荒涼的曠野飄流了四十年，後來才由繼任者約書亞眞正的帶領希伯來人進入上帝所應許的迦南美地。在後續的約書亞時代裏，希伯來人總共征伐了當地三十九個族群部落，每一場征伐的戰役，希伯來人靠著上帝的力量，幾乎都獲得大勝。

三千年下來，如今的以色列國力強盛，而四鄰與其為敵的國家，大都陷於永無寧日的內戰或內亂之中。北方的敘利亞，內戰情況激烈，政府軍甚至動用了毒氣屠殺民眾。至於南方接壤的埃及，一度陷於內戰、內亂仍久未平息，有些地方有匪盜出沒，為了保護旅客遊境的安全，當時我們搭乘的遊覽巴士車上，還增加了一名携帶武器的埃及政府官員，但無形之中也領受了那種其實不十分平安的緊張感。

如果以現在以埃兩國現況比較，只能說，經由歷史的證明，上帝命令摩西帶領以色列人出埃及是正確的。

而以色列人是上帝的選民，似乎在歷史的前進之中，得到了印證。當年在約書亞展開對菲利士人的攻略行動的第一座城堡，就是耶利哥城，這座古城，經過考古學家不斷的發掘與研究，已被證明至少有一萬年以上的歷史，而這項研究結論，有相當科學的證據來支持其結論的分析基礎。

耶利哥人的後裔，就是現在巴勒斯坦國的人民，這個地區在中東六日戰爭以後，被以色列軍事佔領，後來形成巴勒斯坦自治區。由於巴勒斯坦人和以色列人三千年來累積的世仇大恨，可謂是衝突與紛爭不斷，流血恐怖攻擊不絕如縷。以色列政府幾年前在與巴勒斯坦接壤的邊境，興建了六百多公里長的高牆，以隔絕這兩個民族接壤的邊境，杜絕不必要的流血衝突。此舉雖然遭到很多國家的譴責，但在現實上卻使得國境內的流血衝突事件降低許多。

耶穌言教、身教對當世及後人的深遠影響

耶路撒冷的主禱文教堂遠近馳名，除了有世界數十個國家文字寫成的主禱文以外，尚有一塊古色古香的淡乳白淡色的石板上面用早期舊約聖經的希伯來文和亞蘭文雋刻完成的主禱文。主禱文的內容就如同聖經所記載的：

我們在天上的父
願人都尊祢的名為聖
願祢的國降臨
願祢的旨意
行在地上　如同
行在天上
我們日用的飲食
今日賜給我們
見我們的債
如同我們也須免了人的債
不教我們遇見試探
救我們脫離凶惡
因為
國度　權柄　榮耀
全是祢的　直到永遠
阿門！

這是基督徒每個禮拜日上教會，都必須高聲朗讀

的經文，也是耶穌基督生前最為重要的教導之一。因為就基督耶穌一生而言，禱告是生活中最重要一件事情，而他在被釘上十字架之前，最重要的一件事情就是在客西馬尼園的禱告。

現代的基督教會從耶穌客西馬尼園的禱告，發展出一項禱告的原則，可稱之為「順服的原則」。也就是說，即使是貴為神的兒子，就算是在面臨忍受刑罰至死的痛苦與悲慘的事情時，也必須遵守神的旨意，並且願意順服至死，在福音書後面的新約聖經書卷，就反覆地闡述了這樣的原則。

在主後七十年，整個猶太行省因為當地民眾的叛變，所以引來羅馬帝國後來當了皇帝的提多將軍以及他的羅馬軍團的鎮壓，在經過十分慘烈的戰役以後，提多將軍不但以火禁燒了猶太地區耶路撒冷的信仰中心聖殿，將之焚燬，而且將之完全拆毀夷平。關於聖殿的焚燬，在後來投靠羅馬帝國的猶太作家，約瑟夫的「猶太戰記」裏面的記載。約瑟夫在文章中描述，在猶太人激烈的反抗與作戰之後，其實是猶太人縱火自焚，也有部份的猶太人對羅馬兵丁潑油並加以引燃，採取了火攻的作戰方式。但無論如何，聖殿果然如耶穌在生前所預言的，「沒有一塊石頭能夠放在另一塊石頭上面。」完全徹底地被拆毀了。

以色列的曠野地區石頭質地非常堅硬，所以以色列境內的建築，包括目前的民宅外觀，都是以這些巨石為主要建材，這種以石材質建造的特色，目前在台灣比較高級的住宅中，也到處可見，顏色帶在有乳黃的色彩，表面起伏凸凹，因此顯示出它具有的特殊粗獷美感。

所以在耶穌所說的，沒有一塊石頭放在另一塊石頭上面，指的就是這一種石頭。即目前耶路撒冷聖殿下方的擋土牆基礎的石頭。有的長度超過一公尺以上，有些這種曠野取來的石頭做成階梯，久之便顯出一種光亮的色彩，更顯出其堅硬的特質與美感。

寫下「猶太戰記」的約瑟夫，和羅馬軍官提多成爲好朋友，他們成爲好友是因爲約瑟夫預言提多將來會當皇帝，提多也果然當了皇帝，所以約瑟夫在耶路撒冷地區中，被視爲叛徒，卻在羅馬帝國享盡了他榮華富貴的一生。以約瑟夫的意識形態來說，他是認爲羅馬帝國是當時世界最大的帝國，也是各種典章制度，包括政治制度，都是最爲完備的國家。在這種帝國的統治下，當然是以識時務爲宜，與羅馬帝國爲敵，不啻是以卵擊石、自取滅亡而已。約瑟夫的這種意識形態觀念，其實在耶穌生命中傳道的三年中，在加利利這個主要傳道地區的民眾而言，比較能夠接受。這與加利利地區經濟情況較佳，大部份民眾有羅馬化的傾向有關。尤其統治該區的希律王，是在羅馬首都受教化的傾向，希律王回到加利利地區，當然也必然推動他的羅馬化政策，流風所及，自然會把這種文明開化的風氣，帶進一般民眾的意識形態之中。

在耶穌的十二門徒之中，意識形態最爲對立無疑就是「稅吏馬太」與「奮鋭黨的西門」這兩個人。所謂「稅吏」這個名詞，其實從字面上無法完全了解其完整的意涵，也許用一種比較露骨、難聽的話來說，把馬太稱爲「羅馬帝國的走狗」，也許更能眞實的反映他的眞實角色。

就基督信仰的特質來觀察，其信仰最大的重點就是「悔改」。馬太身爲馬太福音書的作者，他在福音書提及自己時，就毫不留情的爲自己冠上「稅吏」這個頭銜。在其他的福音書裏面，都沒有加上這樣的頭銜，很明顯地，其他福音書作者也知道，這並不是一個光榮的頭銜，甚至是一個非常不雅的頭銜。既然如此，馬太爲什麼往自己頭上，扣這個不雅的甚至不名譽的頭銜呢？這應當就是他悔改的一種方式，把自己的罪惡攤在陽光下。不但悔改，而且跟從了耶穌，成爲一個服務於眞道，伺奉神的僕人。

至於「奮銳黨的西門」，其政治立場正好與馬太相反，「以色列獨立黨」這個名稱更正確，其政治立場，是完全站在反對羅馬統治以色列人的立場。

耶穌的門徒截然相反的立場，卻能夠彼此相安無事。許多研究耶穌的學者或信仰者認爲，耶穌展現了卓越的領導風格，無比寬大的包容性格。至於後來出賣耶穌的加略人猶大，在福音書中，耶穌早已在最後的晚餐中，含蓄地點名他將出賣身爲老師的自己，但仍任其行之，致使自己終於被釘上十字架。這種容忍、犧牲的精神，正是基督信仰的核心價値。

耶穌開始行道傳揚天國福音的三年間，不管是言論或行爲，可說是言教與身教並行，以致於後世的信仰者，甚至包括不信仰者，對耶穌一生的言行教導，都推崇備至。包括十七世紀在法國掀起民主自由革命思想的伏爾泰，以及十九世紀俄國文學家托爾斯泰，他們都自稱非基督信仰的追隨者，卻極度推崇耶穌做爲一個人在人格方面完美無瑕的特質。

至於他們既然如此推崇耶穌的偉大而完美的人格特質，那麼他們爲什麼沒有成爲一名基督徒，或者是基督信仰者呢？那就是他們認爲，耶穌只是一個人，而不是一個神。尤其對聖經裏面所記載，耶穌所行的各種神跡無法接受，包括醫病、趕鬼、用五餅二魚，餵飽了好幾千人這一類的神蹟奇事。當然也更不會相信耶穌死後三天又復活，這一類的聖經所記載的事實。

尤有甚者，俄國大文豪托爾斯泰重新以自己的觀點來撰寫福音書，因仿效四福音書的體例，稱爲「托爾斯泰福音書」，也就是標明了托爾斯泰個人所寫的耶穌故事。因爲自天國而來的福音，是藉著耶穌傳到世上，所以，所謂的「福音書」，其實是「耶穌傳」，有人甚至乾脆統稱爲「福音傳」，福音有傳，這也是一種新文詞的創造，當然也是耶穌所帶來的全新意念與價值創造。

托爾斯泰在他的福音書明白地表示，他不相信耶穌所行的神蹟，所以他所寫的福音書，把神蹟奇事的部份，全部刪除。這可以說就是托爾斯泰福音書獨有的特色，是其他有關耶穌基督的著作所沒有的。但是托翁這位跨越十九、二十世紀的文學巨人，雖然否定了耶穌可行的各種神蹟，但卻在他自己所寫的序言最後的結論上，極度地肯定了基督教開啓了現代社會的詩歌、民主政治、科學，甚至包括醫學的一個新而進步的時代。

我個人在少年時代，就滿腔熱血地成爲一位佛教徒，在經過了三十多年接觸了各種佛教經典與實際禪定的學習，作家宋澤萊給予我相當多，關於釋迦牟尼在佛教大藏經第一冊「雜阿含經」的教導，教我和其他多位現在已轉變爲基督徒的同學，學會了釋迦牟尼獨特的修行心法，也就是以「四念處」的方法來分析自己的行爲及意識，以及各種心理及生理反應，終而進入了釋迦牟尼所教導的「無我」之中。

這種「無我」的體驗其實並非十分深奧，只是有一些禪學者不明究裏，撰寫了不少一己之思，以致模糊了釋迦牟尼的教導，其實眞的證入了釋迦的「無我」體驗的人，因爲對自己身、心、靈都有深刻而明白的體認，在一種靈性清明的情況下，反倒是比較容易進入聖經的神學邏輯之中，而轉化爲一名基督徒。

如今回想起來，在從佛教徒轉變爲基督徒所經歷的這一段崎嶇難行的過程中，托爾斯泰的福音書，也可以說是提供了我向基督信仰大門邁進的動力。既然連最令人尊敬的世界級大文豪都認定基督教對現代世界文明中的詩歌、哲學、民主政治、醫學、科學都有那麼大的貢獻，那成爲一名基督徒，應該也是相當不錯的一件事情了！

只是一名非常欣賞耶穌的信仰旁觀者，托爾斯泰並沒有成爲一名基督徒。他在晚年，因爲與他的妻子發生爭吵與衝突，離家出走，終而凍死在一個小車站上。如果他成爲一名基督徒，是否會因此而改變這段生命最後的旅程呢？也許這是一個相當值得研究的議題，因爲基督信仰的特質，就是以建立一個和睦的夫妻關係，進而建立一個夫妻與子女的親子家庭關係。很簡單的一個觀察原則就是，基督教會的聚會，鼓勵全家人受洗一同上教會。

回到托爾斯泰福音書，其序言開始就猛烈地抨擊教會，由於托翁是俄羅斯人，所以可以想見，他所抨擊的教會，應該就是俄國的希臘正教的教會。

以前不曾見過希臘正教，到了耶路撒冷、伯利恒，見識了希臘正教教會的禮拜儀式，可以說是大開了眼界，也清楚了托爾斯泰嚴詞抨擊教會的原因

▲耶穌誕生的伯利恆誕生教堂，此一禮拜堂為希臘正教禮拜堂

了。

以伯利恒的希臘正教會爲例，因爲教堂裏就是耶穌誕生的馬槽所在，所以教堂名稱就稱爲「主誕堂」。也因爲耶穌出生於此，所以來以色列朝聖的各種不同教會的天主或基督教徒，都會前來參觀，不少人就在耶穌出生的馬槽前，跪地禱告，甚至涕泣流淚。

但非常令人不解的是，如果明白地清楚了聖經的記載，就可以瞭解這位被稱爲彌賽亞的和平大君王，其出身是如此素樸而謙卑，但在整個「主殿堂」所看到的，都是披金戴銀金光閃閃的聖母聖子像，而垂吊下來的各種令人眼花撩亂的法器，比起台灣的悖離釋迦牟尼人本主義的中國大乘佛教偶像崇拜儀式，可以說是有過之而無不及。外觀相當莊嚴雄偉的典型中東古樸風格下，與內部的東正教崇拜儀式，眞是格格不入。尤其教堂內部焚燒蠟蠋和法器撞擊的聲音，眞的是與耶穌信仰的靜默禱告方式，有非常大的差別。至於教堂內部的工作人員，頻頻無禮地喝斥來朝聖的世界各國民眾，其作風令人反感，就更等而下之，不值一提了。

◀耶穌和撒瑪利亞婦人交談的雅各井（油畫）
▼耶穌和撒瑪利亞婦人交談的雅各井

▶雅各井管理者的希臘正教堂

▲▼示劍舊城址上面的野花

▲撒瑪利亞的烤全羊餐廳

宗教信仰是一種屬於心靈的信仰，各種外在的儀式和偶像崇拜都應該棄絕，這是不管新舊約裏面都有很清楚的記載，在舊約十誡禁止「雕刻偶像」。在新約裏面，耶穌對撒馬利亞的婦人說，你門敬拜神，不在這山，也不在那山，因爲神是一個靈，要用心靈和誠實來敬拜他。可惜這樣明白而清楚的教導和禁誡，人類通常喜歡往相反的方向鑽，只能說這是人類悖逆的本性使然了。

第二部

黃金田牧師之旅程

在臺灣聖教會六十年生涯

家族的信仰
黃金田一生的福音

黃金田牧師拿出一本事先準備好的「基督徒家譜」。由「臺灣教會公報社」發行的家譜，看起來頗有年代歲月所遺留下來的古老陳舊感。

「我們的家譜，大陸開基祖是（黃）陸終傳於昆吾。一世祖是高，到九十世祖是峭，時候遷來泉州，到主後六八六年守恭建泉州開元寺。此後取名爲紫雲堂。守恭是第九十八世祖。他的四位子住在四安。長子經住南安，次子綸住惠安，三子綱住安溪，四子紀住同安。直到明、清二朝代黃氏族人渡海來台者多屬黃守恭派下。主後一六三七年正東由南安遷居平（澎）湖。」

「原來的家譜是完整的，但被一場大火燒的殘缺不全。」黃金田牧師如此說，令人聯想到新約聖經中耶穌族譜的記載。

馬太福音的記載，從耶穌上溯至信心之父亞伯拉罕。至於路加福音，更是上溯到人類的始祖亞當。在新約的作者中，路加已被近代的神學界學者視爲，除神學以外還具有歷史學者的特質。路加如此爲耶穌探索族系，必然有其一定的根據和意義。

臺灣人和猶太人在敬畏祖先的傳統上，其實相當類似。有些對基督信仰不夠認識的人，誤以爲基督徒不祭拜祖先是數典忘祖，其實是一種很大的誤解。

聖經裡面還特別強調，上帝給人類第一條帶應許

▲黃金田牧師講道

的誡命就是：「**孝敬父母的人，不但在世蒙福，而且必得長壽**」。可見基督信仰很重視孝道，當然也敬畏祖先。差別在於，基督徒是以敬祖追思方式，而非以供物祭拜祖先的方式來紀念先人。

鼓浪嶼與尋根之旅

族譜的附記欄裡還有如下四段文字：「開基祖是陸終，大陸祖是守恭，來台祖是奎，近代祖是能。」

二〇一〇年的七月間，臺中聖教會的儲蓄互助社舉辦福建泉州地區的考察旅遊，主要是到沿海的鼓浪嶼上看著名的三一堂教會。

這間教堂有相當悠久的歷史。大約是一八四二年間，中英之間爆發了鴉片戰爭，隨英軍到中國沿海來的有美國歸正教的牧者。隨後又有美國長老會、安息日會、倫敦差會於福建沿海的新街、竹腳村、廈港三地設立教會。後來鼓浪嶼的教會會友認爲，從鼓浪嶼搭船渡海去做禮拜很不方便，就由這三處教會共同在鼓浪嶼島上，興建共同聚會的三一堂教會。三一堂興建於一九二七年，次年完工落成，並曾在一九三六年夏季舉辦了一場全中國性的活動，即「中華基督教全國查經會」，總共有四千餘人參加，由宋尚節博士主持。

父親是牧師的文學家林語堂博士，也在距此走路約十分鐘的協和堂舉行婚禮後，再到美國哈佛大學留學。類似的教會還有福音堂教會、天主教的教堂，以及一些規模比較小的教會（堂）、美國、英國、荷蘭、日本等十八個國家也在島上設立領事館，圖書館、學校、醫院等等，不但風光明媚，而且是閩南地區教育文化水準最高的區域，尚有高級外國風情別墅一千五百多間，到一九八〇年代以後，則成爲中國政府大力推動發展的觀光勝地。在此之前，由毛澤東主政的時間，此地還一直處於對外封閉的狀態。

因爲這一次旅遊，黃金田順道參觀已經改名紫雲堂的開元寺。目睹先人一千四百多年前在隋朝興建的這棟建物，心中也不免爲之一震，那是一棟規模相當宏偉的建築物。庭園裏尚有七、八株一千多年歷史的參天古木。就一位牧者而言，像紫雲堂這一類寺院，除了緬懷先人尋根式的走過以外，也很難再有其他的意義。

在族譜中被稱爲近代祖的能，就是黃金田的祖父黃能，黃能就是黃盾的父親，而黃盾就是黃金田牧師的父親。在另外一張表上，還列有母親黃陳警和祖母張巧的名字。

「來台祖是從澎湖這樣坐船過來的，」黃金田拿著鉛筆在紙上畫著澎湖和臺灣海域的簡圖：「這一條是曾文溪，北邊這裡有一個蚶西港，船可以停靠這邊附近的劉厝，在劉厝下船以後，改走陸路進去，到裡面的西港，西港再進去就是中州，我的出生地。」

手裏拿著戶籍資料：「我生於昭和四年，一九二九年，在當時日據時代的臺南州北門郡西港庄，中州六十一番地這個地方。」

由於年代久遠，黃金田已經不是很清楚，當時祖父究竟是以何爲業：「在那種時代，應該是務農吧。有一點則是確定的，祖父並不是基督徒。祖父去世得很早，死於一場臺灣早期的瘟疫中，染上瘟疫則是因爲祖父很熱心地去幫忙一位因瘟疫而身亡的鄉鄰。

根據一份已發黃的手寫資料，記載著父親黃盾坎坷的少年時期：「故黃盾略歷　生於光緒九年（西曆一八八三年）四月四日。出生後不久，二歲時父親黃能就離世。五歲時其母再招繼父，十九歲時其母亦別世，繼父不久後亦因重病而癱瘓。因此擔負家計孝養繼父，到二十六歲繼父別世時」。

父親幼年時極貧寒，生活非常困苦，因此無法進入私塾讀書。十幾歲即開始工作賺錢，十七歲時與舅父擔米、麥，步行約一小時後，坐竹筏渡過曾文溪，再步行到府城臺南去賣。往返路程約需六、七小時，一次所賺的錢只有一百多錢。這樣工作到二十二歲，轉入當時附近所新開設的小規模製糖廠工作，工價一日爲四角銀。二十六歲時結婚，婚後不久繼父就離開世間。

在黃金田的記憶裏，父親是爲人相當熱心，樂於幫助別人。也很積極的參與廟會的各種祭拜神明活動，還經常擔起爲神明扛轎子這一類的苦差事。後來連喪二子而改變信仰以後，在教會裏面仍未改變其熱心參與，樂於助人的性格，因此很受地方上歡迎。

黃金田認爲，父親當時改變信仰是一個很正確的決定。道理很簡單，既然那麼爲神明的祭典奉獻心力，爲何還遭遇到連喪二子的慘境？而聖經裡面也提到，偶像崇拜祭典中很多活動，其實有時會因招邪引煞而惹來禍事。難怪廟裡面扮演爲神明發言角色的神乩，當時也只能束手無策，而要父親走自己的路，改變信仰。

後來受洗歸主以後，父親爲人處事的積極與熱心，也在教會中博得相當好的人緣。日常生活中，父親更是一位典型、吃苦耐勞的篤實農民。自己插秧、種甘蔗、栽甘藷，親自操持各項農務，包括飼養牛隻、犁田、駕駛牛車搬運收成的稻蔗和甘藷，雖有僱工也都能帶頭動手。不但帶頭拿刀砍甘蔗，還要把砍好的甘蔗搬到牛車上，再用牛車運到臺糖專門運送甘蔗的小火車鐵道旁，交甘蔗給臺糖。至於甘藷，在採收以後，爲了能保存久一點，還要用腳踩的機器，踩成細絲條狀的甘薯簽再存入倉庫間。父親經常爲此踩得滿身大汗。印象最深的，是每次颱風要來時，爲了怕颱風把茅草屋頂吹翻，身強體健的父親，經常在颱風以前，抓起相當重的牛車輪，用雙手很賣力地拋向、鎮壓住茅草的屋頂，以度過風勢洶猛的颱風天。

黃金田回憶，父親除了自己的三甲土地以外，還租了兩甲鄰地來耕種。如此辛勤耕作，再加上總共四個豬舍養了二十多條豬，還有上百隻的的雞隻。在他八歲的時候，父親就用這些辛勤耕作和畜養牲畜所得來的積蓄，花了兩千七百元興建了一座相當大的新厝房，做爲他們一家人的新居。

當時爲了建造這座厝房，還從福建越過海峽運來福建大型杉木，來做大厝房的棟樑主幹。這座如今已有七十四年歷史的古厝，可謂古色古香。前幾年臺南縣政府，一度還有意列爲古蹟，後因宅第仍做居家使用而未予列入。

雙親信主的緣由

黃家第一代的基督徒，是父親黃盾以及同時受洗的母親陳警。導致雙親改變信仰的連喪二子之痛，說起來也很不幸。

黃金田說，他是家中最小的一個孩子，大哥金爐和二哥耀村分別在十五、十四歲的時候，都患了重病。於是曾經到附近的西港王爺廟，和南鯤鯓的五王爺求醫治，但毫無起色。大哥金爐於一九二四年病歿，二哥耀村亦於一九三〇年間病歿。連續遭到喪子之痛打擊的父親、經由當時住在西港庄的友人冊姑、黃龍、王棕的引領，到西港聖教會聽道，並於一九三一年十二月七日那天，與母親二人一同領洗，由來自臺南聖教會的高進元牧師施洗。

臺南聖教會成立的時間，雖較西港聖教會慢了三個月，但卻因爲高進元在佈道和牧養會眾極爲用心，會友人數不斷增添。其中最爲會友津津樂道的是高進元牧師開拓教會時，曾帶了兩大袋的甘藷簽做爲食糧，可見其刻苦奉獻精神之一斑。

一九四三年聖教會遭日本政府下令關閉時，高進元牧師仍熱心私下拜訪會友鞏固信心。尤其他引領一九三〇年代台南當地，極爲著名的德國留學的醫學博士王受祿醫師施洗，更是早期開拓發展的一大突破。王受祿後來並且提供了自己的房地，做爲台南聖教會聚會與建堂用地。台南聖教會在高進元牧師的開拓與用心牧養下，奠定了相當良好的發展基礎。

當時在西港聖教會牧會的「福音使」（日據時代牧者之古稱，約於一九三七年間改為牧師）是王錦源，其父即為王棕，黃龍為王錦源之岳父。至於冊姑其人，是母親在世時，常常提起的一個熱心傳福音的女性長輩，其他則已不可考，只知其名為冊，姑為女性長輩之通稱。在母親的記憶中，冊姑和她與父親黃盾一樣，都不識字，因此傳福音是口耳相傳，也經常為了福音．到家裡來拜訪母親。至於王棕，他們稱為棕叔公，是地方上聞名的飽學之士，更是一位大書法家，鄉內的大廟宮堂的龍柱上的對聯和詩句，幾乎全是出自他的筆墨揮毫。黃龍是一位熱衷於傳福音的魚販，每有顧客上門，他經常傳福音傳到忘我，甚至連所賣的魚鮮，都因此而過午失去鮮度也不知。

黃金田母親雖不識字，但領洗以後卻非常敬虔，對敬虔的人也很關懷和照顧。早年有一位在西港教會認識，被稱作「戶姆仔」的年長婦女，夫婿死於日本據臺初期的抗日戰爭中，因為大官（公公）禁止他上教會聽道，竟然將她用繩子綁在廳堂裏的紅閣桌（臺灣人祭拜神明之供桌）腳。結果這位「戶姆仔」令人吃驚的，就扛著這張紅隔桌到教會做禮拜。

母親很為她堅定信心所感動，更為她在一次風災中墜落十餘米的溪畔地面時，在空中如有天使托住而髮膚無傷的神跡奇事，感到驚奇不已。後來在知道她的經濟狀況陷於困境時，就要他們兄弟倆人，帶著些許錢糧前往賙濟解困。

◀證婚講道

黃金田認爲，母親給了子女很好的示範教育。除了主日的禮拜聚會，每天晚上的家庭禮拜也持續不斷。而母親雖然不識字，但卻正如聖經所說：「敬畏耶和華是智慧的開端！」在信仰上十分敬虔母親所具有的智慧，越來越得到庄民的肯定，也有越來越多的庄民請母親幫忙解決疑難和排難解紛。家中也成爲庄民經常出入的場所，一直到現在，哥哥水瀨在西港的宅中還是常常高賓滿座、貴客盈門，這都是母親遺留下來的頤德古風。

母親人生的最大傷痛，就是早年連喪二子，經常爲此以淚洗臉，終至罹患眼疾而告失明，但始終未影響到她的信心，反而因此更倚靠耶穌基督，並從信心中得到了上帝所賜下的聖靈，讓她的心靈得到了極大的安慰，才得以在失明後又能度過三十餘年的人生歲月，頤養天年到九五高齡。

黃金田回憶說，後來母親搬到他所牧會的臺中聖教會與他共同生活和聚會，一直到九十四歲時，都還很健康的跪地禱告，讓很多會友都留下深刻的印象。

西港聖教會

昭和十一年（一九三六年），也就是七歲那一年，黃金田進入西港公學校（臺灣人就讀的國民小學）後，就開始和父母親在禮拜日，一起從中州坐牛車到西港聖教會做禮拜。那時家中的經濟已逐漸穩定下來。父母親勤奮的工作，使家庭有了相當不錯的經濟基礎。在記憶中，有時會和三哥水瀨兩人騎著小型的腳踏車，一同先去上九點開始的兒童主日學，然後再參加十點開始的主日禮拜。印象中最深刻的是，中午做完禮拜以後，會友們開始動手烹煮午餐，飯菜都是大家從家裡帶來的米和菜、魚、肉來煮的。會友們這種午餐聚會，就有如一家人般和樂融融，眞的是名符其實的「愛餐」。

黃金田回憶，聚會以前，母親還會特別在家裏，就把主日要奉獻的錢交給他們兩兄弟，讓他們在做完禮拜以後，學習如何奉獻。

那時西港聖教會的兒童主日學老師，名字叫做林異雷，他是一位相當令人印象深刻的老師。因爲童年時不愼遭火車碾斷右腿，所以裝著義肢，這位林牧師，小時在花蓮長大，畢業於日本的「東京聖經學院」，是一位非常勤奮好學的牧師。也在後來因此成爲非常有名的牧者，並娶了一位日本籍的妻子，兒子後來也是一位相當傑出的日本工學博士。

林異雷牧師也曾在佳里、臺南、三重埔等地的聖教會牧會，也曾經擔任設在花蓮的東臺聖經學院院長，培養了不少東臺灣的傳道人，後來則是定居日本，也終老於當地，是一位很令人懷念的牧師。在西港教會帶領兒童主日學的，還有王番江和孫士兩位熱心人士，王番江即是王錦源牧師的長兄，全家人都非常熱心教會的事工，兒子王天慈和女婿鐘永陞後來都在教會擔任牧師的工作。

西港聖教會當時另外一位牧師，也就是最早負責開拓設立教會的王錦源牧師，他也負責較晚成立的佳里聖教會的講道。在臺南聖教會的高進元牧師，偶爾也會來西港講道。這三位牧師都出身於日本「東京聖經學院」，使當年在第一排坐著聽道、還是小孩子的黃金田相當羡慕。

高進元牧師的出身相當特殊，他祖母是臺灣大甲蓆的發明人，並因此而蒙日本天皇召見。他原來在苑裡的學校當老師，日本東京聖經學院的創辦人之一的中田重治到臺灣巡迴宣教講道時，在苑裡長老教會聽道的高進元認識了中田重治。後來高進元到日本賣大甲蓆經商時，曾去拜訪中田，並且參加了在日本箱根舉辦的靈修會，受到了聖靈的感動與呼召，因此轉而棄商從道，進入東京聖經學院就讀，畢業後回臺灣後就至臺南開拓臺南聖教會。

王錦源牧師的出身也相當奇特，在西港公學校讀五年級時，就因爲成績特別優異，未讀六年級就直接跳級，進入長榮中學就讀。當時讀長榮中學的學生，幾乎都是基督徒家庭背景，因爲長榮中學是基督長老教會的學校。也有不少學生計畫未來進入神學院、準備當傳道人。王錦源牧師在長榮中學畢業後，到東京就讀聖經學院。後來則因臺灣故鄉佳里的妻子，患胃出血而學業中輟返臺。在臺灣以優異成績通過國家考試，取得代書執照開始執業後，仍十分熱心於傳道和牧養會友，進而成爲牧師。

在黃金田的印象中，王錦源牧師講道的能力相當強，非常能打動人心，經常大量購買日文版的解經書閱讀。而王家早年信主的原因，則是因王錦源的母親為邪靈所纏，據說邪靈每晚都來作怪，攪擾王母不已。王家信主以後，邪靈消失無蹤。這不但促成王家信主，後來更無償提供土地，供佳里聖教會使用至日據時代結束為止。

西港聖教會是臺灣第一所供臺灣人聚會的聖教會。之前在台北成立的臺北聖教會，會友是以在台北的日本人為主。追溯起來，臺灣的聖教會是日本聖教會的分支，而日本聖教會最早的原始名稱是日本聖潔教會，創辦人中田重治因赴美參加芝加哥的慕迪聖經學院，與衛理教會合辦的活動。而當時衛理教會的宣信牧師，正在大力推動四重福音，即「重生、聖潔、神醫、再臨」。日本聖潔會取其中第二之聖潔為名。

中田重治也在會中認識後來非常熱心於海外宣教的平信徒查里·高滿，獲得查里·高滿的大力支持，回日本創設東京聖經學院。高滿夫人即是以「荒漠甘泉」一書享譽全球的屬靈作家。夫婦二人都極為熱心宣教，不久以後又成立遠東宣教會，推動日本、韓國、臺灣、中國的宣教工作，更遠向中美洲巴西和全世界四十多國宣教，是目前國際宣教會的前身。

戰爭 牧者道路的選擇

公學校畢業以後，黃金田為了準備考臺南一中，就到佳里公學校附設的高等科就讀。高等科相當於現在的國民中學，學制兩年。快要畢業時，在學校看到政府的公告，設在高雄的日本海軍第六燃料廠，將招募幹部工員養成所的學員，考錄者免服軍役。

當時雙親年事已高，唯一的兄長又被徵調去當海軍特攻隊隊員，隨時都有在戰場上犧牲的可能。黃金田於是決定前往報考，考場設在臺南公會堂，八十九人報考只錄取三人。考試結果，以各科都滿分的成績錄取。養成所共有來自台灣全島的五十名學生，由日本籍的教師授課，爲期三年。

在高雄所經歷的戰爭經驗，不斷催促黃金田選擇從事牧者的道路。

戰爭期間，高雄的第六燃料廠日本海軍部隊，也是美軍戰機轟炸和攻擊的目標之一，所以廠區的日軍和學員們，經常身處險境。有一次在美軍的轟炸空襲中，他甚至只差十五公尺就被炸身亡。

想到那次的轟炸，黃金田仍不時心有餘悸，當空襲警報響起時，他就和另外四個學員往防空壕躲。雖然躲在防空壕裏面，卻聽到震耳欲聾的爆炸聲。顯然炸彈就炸在他們身邊。等空襲警報結束以後，他們才發現，十五公尺外的地方，是另外一個防空壕，被炸彈從正上方炸得稀爛。五個人當場嚇得張口結舌，要是躲入那個防空壕，他們就全都沒命了。而從廠區的高處往下俯視，整個岡山的日本空軍基地，更被炸成一片火海。更神奇的是，回到西港的老家以後還發現，家中曾遭到美軍轟炸，有兩顆炸彈貫穿屋頂命中屋子，卻未爆炸。鄰人因此稱奇表示，頻頻說是耶穌基督的庇祐，否則屋子早被炸爛掉了。這也使他想要成爲牧者的決心，越來越加強烈。

三年後，一九四五年六月，黃金田以第一名的優異成績畢業。海軍燃料廠的廠長別府中將，還特別頒獎以示鼓勵。養成所的學業競爭相當激烈，因此經常讀書讀到徹夜未眠，有時還連續一個星期讀到未曾上床睡覺，沒想到竟拿到第一名的優越成績。

在日本海軍燃料廠的那三年，因爲是戰爭期間，加以離家甚遠，交通不方便，只能在廠區專心受訓讀書。大約過了一年多的時候，廠區裡突然出現了父親高大的身影。

原來在家裡的父母親，都非常地想念在異地久久未能回家的兒子，父親老遠騎了三個多小時的腳踏車，到廠區來看他。父親跟這個離家一年多的小兒

子說，父母親都爲他們遠在外地的兩個兒子感到掛心，因爲哥哥水瀨在海軍特攻隊，營區就在高雄的左營，所以順道同時來探望他們兩弟兄。

父親那時很爲在海軍特攻隊的哥哥水瀨憂心不已，因爲日本在太平洋地區的戰事越來越險惡，海軍特攻隊的生還率也越來越低。父親從台南的家裡面帶來一些肉粽，先到左營探望過哥哥，再到燃料廠來看他。而從父親口裡獲知，因爲戰爭的關係，食物普遍短缺，父親經常要騎腳踏車到很遠的沿海地方，去買魚蝦等海產回家，補充食物的不足。

在日本海軍第六燃料廠幹部養成所畢業以後，黃金田就在燃料廠工作，燃料廠的規模相當龐大，光是技術員工就有五千人之多，軍職人員自別府中將以下，校尉級軍官以及士兵達三百人之多。當幹部工員每個月的月給（薪資）是八十九元。當時公學校教師的月給約五十元，比起來是相對優渥。但同年八月十五日，日本宣布戰敗投降。戰爭結束以後，燃料廠也告關閉了，只能有兩個選擇，以同等學力就近進入，後來改名爲國立成功大學的台南工學院就讀，或者繼續在後來改名爲中國石油公司的高雄煉油廠任職，否則就是放棄這兩個選擇自行返鄉。

由於已有三年之久未曾歸鄉，思鄉情切的黃金田便先行選擇了返鄉。

成為傳道人

回到故鄉以後，由於在高雄戰爭中的可怕經驗，黃金田在小學時成爲牧師的想望，又再度在腦中浮現，於是向父親提出投考臺灣聖經學院的意願，但未獲得首肯。

傳道的呼召

父親反對的原因，是希望他能多在家中幫忙工作。因爲當時父親已年逾六旬，而招贅的姊姊和姊夫在佳里，開設一家經銷呢帽店和呢帽的洗染廠，生意相當不錯。父親很希望小兒子也能負責一部份工作。這家呢帽店就開設在佳里著名的文學家吳新榮醫師的醫院旁邊。吳新榮是當地很著名又很活躍的一位地方仕紳，一九四七年臺灣爆發二二八事件時，地方上一度還盛傳他因爲遭到國民黨政府的追緝，已逃亡到日本去，後來又傳出他遭逮捕入獄坐牢。

其實姊姊和姊夫經營的呢帽洗染廠，早在一九四一年間就開設，卻於戰爭期間遭到美軍轟炸機炸毀，使姊夫一家蒙受十分嚴重的損失。後來雖由父親於戰後幫忙出資再度成立經營，也許是遭到這樣的打擊，再加上後來連續生了七個女兒以後，好不容易才獲得的長子因血癌夭折去世，對姊夫李順天一生的信仰與信心造成很大的影響，一直到晚年都未再進入教會。

在黃金田內心深處，似乎不斷出現如此的呼喚聲：「耶穌基督是如此眷顧我們一家人，我們必須用行動來對神的眷顧有所回應，而最好的回應方式，就是成爲上帝的僕人，把上帝福音宣揚出去，讓更多人能進入神的國度，蒙受神恩。」

他甚至一直認爲，如果沒有用行動來回應這樣的呼召，說不一定會受到意想不到的天譴。

除了內心想法，整個教會的環境氣氛，也是一大因素。在戰爭期間，聖教會與日本政府間的關係不斷惡化，最後終遭政府關閉。當時，日本政府要求聖教會當局，必須帶領信徒到神社參拜，還要向日本東京天皇皇居的方向行禮敬拜，以示效忠日本天皇。這些要求都無法爲聖教會所接受，再加上當時聖教會的總監督中田重治根據聖經的教導，一再預言已經亡國兩千多年的猶太人國家以色列，將會在巴勒斯坦地區復國。中田監督當時這種說法頗遭日本政府當局所忌。因爲日本在戰爭期間與德國和義大利同盟，而德國又極端反猶太人，後來甚至屠殺了將近六百萬的猶太人。

聖教會就在這樣惡劣的國際關係和政治氣氛中，在一九四三年被政府下令關閉。尤其台灣遭到美軍轟炸時，盛傳美軍將在臺灣登陸佔領。這樣的說法出現以後，更盛傳日本政府將先行處決教會的牧師，因爲怕牧師成爲美軍的間諜，由此可見當時教會與政府間關係之緊張與惡化之嚴重。

戰後不久的一九四八年五月十四日，猶太人果然眞的如聖經上所預言，在巴勒斯坦建立了新的現代以色列國家。對於臺灣聖教會的信徒而言，監督中田重治的宣講言猶在耳，如今得到印證，信心大受激勵。認爲聖經裡面上帝的話語，在兩千多年以後得到了印證。中田重治監督也在信徒眼中成爲備受敬重的先知型人物。

在這樣的教會環境氛圍中，更加強了黃金田選擇做爲一個傳道人的決心。

那時西港聖教會的王錦源牧師，也在一九四六年間受聘到新竹聖教會牧會。第三年，也就是一九四九年，以新竹聖教會爲主體在教會內成立了臺灣聖經學院，從一九四九年開始招生。也就是在那一年，黃金田向父親要求前往新竹的臺灣聖經學院就讀，卻未能得到父親同意。

一九五〇年的六、七月間，在新竹聖教會牧會的王錦源，大概輾轉知道他很想前往新竹聖經學院就讀，還很關心的特別派人到中州的家中來徵詢，也相當鼓勵他前往就讀。

那時西港聖教會的情況相當不理想，信徒人數無法支撐牧師的人事費用。戰前佳里教會的運作，是因爲王錦源牧師很熱心的帶職事奉，他一方面很認眞的經營代書業務，一方面很熱心的牧養教會。甚至把代書業務交由家人幫忙處理，將大部分的心力都投注在福音事工上，還提供自有的土地供教會興建禮拜堂，使佳里聖教會得以正常運作。

這樣的作法給黃金田很大的啓示，認爲自己也可以在聖經學院畢業以後，做一個帶職事奉的傳道人，來讓西港的聖教會有一個專屬的傳道人來負責，而不必勞動臺南的聖教會高進元牧師、許遵道牧師及執事們來兼任講道，辛苦往返奔波達數年之久。

但父親的反對讓他相當猶豫和苦惱，爲此請教新竹臺灣聖經學院院長王錦源的父親王椋。王椋也是領他父親黃盾信主的那位屬靈的長輩。沒想到這位

▲黃金田牧師於野外禮拜講道

被他稱爲「棕叔公」的長輩竟然給了他一個永生難忘的回答，也因此決定了他後來的人生。王棕給他的回答十分明確，就是聖經路加福音第九章六十二節、耶穌基督所說的話：「手扶著犁向後看的，不配進神的國。」

這個回答令他十分震撼，也使他在腦海中浮起其他的類似的經節：人若賺得全世界，卻賠上了自己的生命又有何益處呢。耶穌基督所說的話語是，人若要跟隨我，就當愛我贏過父母、兄弟、妻子、房宅的。

如願進入臺灣聖經學院

由於王棕引用聖經的鼓勵，黃金田的決心更加堅定，又再向父親提出要求。令他感到意外的是，父親不知如何已經改變了態度，不再反對他去就讀神學院。而母親在父親不反對以後，則表示出贊成的態度。

母親認為，在一九三〇年間，他們一家人因為長、次男相繼去世而痛苦不堪時，在基督信仰得到了很大的安慰，而二十年來，他們黃家的家道也逐漸興旺起來，大小也都平安。母親認為，既然他們一家人在這個信仰裏得到益處，有人願意出來從事傳播福音的工作，應當是很好的一件事。也可以讓更多的人得到這個信仰的益處才對。

母親這樣的觀點，讓黃金田得到更大的鼓勵。已結婚兩年的妻子周秀金也是教會裡的基督徒，個性非常溫純，也很支持他要成為牧者的決定。

在這兩年前，決定與周秀金的婚事時，黃金田認為自己的態度是從聖經學習來的。當父親向他表示，教會的會友有人要為他作媒時，他告訴父親，只要對象認識的人當中，在十人裏面有七人贊成，他就願意考慮進行認識對方。父親照他的方式去進行，贊成的人佔了全部。於是後來終於互相認識，並進而結為夫婦。

黃金田說，這個原則是從亞伯拉罕為以撒和利百加處理婚事的方式領悟來的。一九五〇年的秋天，黃金田就離開家中，和父母、妻子、才出生幾個月的女兒分手，從臺南的番仔田（現在的隆田）火車站搭車北上，到新竹的聖教會去找王錦源牧師，進入臺灣聖經學院就讀。

新竹的聖教會位於東門路四十三號，會友人數將近兩百餘人左右，與當時的臺南聖教會，是臺灣聖教會人數最多的兩個教會。嚴格說起來，一九五〇年招收的學生應當算是第二屆，但是一九四九年招收的第一屆學生只有五個人，而到學期結束時只剩下三個人。於是連同第二屆招收的十一名同學，總共十四名學生都通稱為第一屆，其中兩位同學是夫妻，共有十三名男生、一名女生。而十四人當中，很巧合的是本省籍與外省及各一半，各有七名。這七名外省籍的同學，幾乎都是在中國大陸由共產黨取得政權後，離開中國來到臺灣的。

學期一開始，教師裏面有孔彼得外籍夫婦，其餘是外省籍的教師，其中一對夫妻先生名爲祁約翰，看名字就知道是基督徒。全部的授課教師中，只有擔任院長的王錦源牧師是本省人。也許是聖經和教材都有共同的文本，所以上起課來並沒有很大的語言障礙，因爲當時的本省籍學生都對華語有些生疏。至於外國籍的孔彼得夫婦華語相當不錯。

第一學期的課程相當密集，但最令人印象深刻是，每週六下午的個人佈道時間。學員都要到新竹市區去佈道。每周日晚間則是舉行佈道會，由王錦源牧師在禮拜堂內佈道。佈道會開始之前，學員和教會的一些年輕會友，組成鼓樂隊到市區去宣傳晚上的佈道會。

外出佈道之前，黃金田回憶，大家都會很認眞的誠心禱告，祈求聖靈的同在，讓佈道大有能力，果然學員們都有聖靈同在的深刻感動，從聖靈的感動中覺得大有能力。也因爲學員在周末的努力，新竹聖教會在那一年的會友成長得相當快，由原來的兩百餘人左右，增加到了三百多人。

在第一學期的課程結束以後，黃金田在假期回到西港的家中。很支持他當傳道者的母親，又作了一項重大的決定。母親認爲，爲了公平起見，將全部的家產分成兩分，他和哥哥兄弟二人各得一半家產。總共三甲的田地，兩人各得一甲半。黃金田所分得的一甲半，後來也成爲他連續四年得以專心讀書鑽研神學的經濟來源。除了母親的支持以外，土地的農耕經營一直都由兄長水瀨幫忙照顧，也是他得以心無旁騖，認眞於聖經學院學業的一大助力。

假期結束後不久，回到新竹的聖經學院的黃金田接獲王錦源院長的指示，前往桃園聖教會講道。因爲這是黃金田生平第一次，以實習傳道的身分上臺講道，相當緊張的從幾天前即進行準備。

講題是聖教會設立之初的「四重福音論」的第四論「再臨」爲主題，講題即是「耶穌再來」。當時之所以會選擇這個講題，與當時的教會環境氛圍有很大的關係。如前所述，臺灣聖教會是由日本的聖教會在日據時代來臺設立，而日本聖教會最早定名爲聖潔教會，是源自美國的衛斯禮教會當時大力提倡四重福音論所致。四重福音的四大主題爲：重生、聖潔、神醫、再臨。其中再臨指的即是新約聖經的核心重點：耶穌再臨（來）。內容則以馬太福音第二十四章的經節爲主，強調聖殿的拆毀和耶穌的再來。這段福音書從第一節開始就很清楚明白的描述了耶穌和門徒對比極強烈的對話：**「耶穌出了聖殿，正走的時候，門徒進前來，把殿宇指給他看。耶穌對他們說，你們不是看見這殿宇麼。我實在告訴你們，將來在這裡，沒有一塊石頭留在石頭上不被拆毀了。」**

這一段預言式的對話，在經過三十多年以後，得到了印證。因爲根據猶太歷史的記載，羅馬帝國後來出兵鎭壓猶太、耶路撒冷，並且如耶穌所預言，把聖殿徹底毀滅、夷爲一片廢墟。猶太人遭到前所未有的嚴重打擊，耶穌的話語成爲可怕的預言與夢魘。

黃金田一邊翻開聖經一邊指出，聖經這一章對於聖殿拆毀的預言，接下來出現在第十五節。因爲這一章聖經的文學表現結構，很像是山谷，有一層接一層的敘述方式，是層次相疊的。因此關於聖殿的毀滅，間隔了十二節才又再出現。

「你們看見先知但以理所說的，那行毀壞可憎的，站在聖地。那時，在猶太的，應當逃到山上。在房上的，不要下來拿家裏的東西。在田裏的，也不要回去取衣裳。當那些日子，懷孕的和奶孩子的有禍了。你們應當祈求，叫你們逃走的時候，不遇見冬天，或是安息日。」

黃金田引述猶太歷史家約瑟夫的紀錄說：「那時羅馬將軍提多率軍攻打耶路撒冷和聖殿，總共殺死了三十萬的猶太人。但事實上，並沒有死這麼多人。約瑟夫的記載好像不太正確。不過，即使是十幾萬人，也是很可怕了。而且，聖殿真的被毀滅了。」

說到這裏，黃金田還不勝唏噓的拿出三冊精裝日文版約瑟夫所作的＜猶太戰記＞，放在桌子上來。連同＜猶太古史＞，這兩部約瑟夫的鉅作，可以說是研究聖經時代的歷史，最重要的兩部參考書籍。

「這是一幅很可怕的景象，但以理所預言的行毀壞可憎的，指的就是羅馬的軍隊。所以要逃上山，在屋頂上也不要下來，在田裡的也不要回家，以免被羅馬軍隊殺了。這個預言從舊約時代的但以理，再經由耶穌傳給以色列民，後來經過三十多年，果然不幸成真。懷孕和奶孩子的，行動更不方便，自然是更慘了。耶穌基督還要以色列民要祈禱事情別發生在冬天和安息日，冬天天寒地凍沒有地方躲避，安息日耶路撒冷的確人民幾乎都集中在聖殿裡，死傷都會很慘重。」

回想起這段第一次講道的內容，黃金田似乎又回到往日的時光裡面，五十多年的歲月流逝，眞理仍是永恆的存在：「提多的羅馬軍團帶來了殘酷的殺戮。也從這裡，耶穌基督揭示了他的再臨和末世審判的可怕景象。呈現了馬太福音二十四章最重要的主題，也就是耶穌基督層次相間、環環相扣的再臨與末世論。」

黃金田引述，耶穌基督所強調再臨與末世論的重點：「**你們要謹慎，免得有人迷惑你們。因為將來有好些人冒我的名來，說，我是基督，並且要迷惑許多人。你們也要聽見打仗和打仗的風聲，總不要驚慌。因為這些事是必須有的，只是末期還沒有到。民要攻打民，國要攻打國，多處必有饑荒、地震。這都是災難的起頭。那時，人要把你們陷在患難裏，也要殺害你們。你們又要為我的名，被萬民恨惡。那時，必有許多人跌倒，也要彼此陷害，彼此恨惡。且有好多假先知起來，迷惑多人……**」

此一主題也是王錦源牧師經常出現的講道重點，黃金田見賢思齊，也相當用心的加以準備，再加上經常聆聽受教於王牧師，所以從會友當天聽道的反應來看，第一次講道的表現，還可以算是相當順利。第一學年的課業結束以後，聖經學院的未來，又有了新的發展。美國遠東宣教會，計畫在臺灣地區籌設神學院培養神職人員來宣揚福音。地點則選在臺中。

遠東宣教會素來與日本的聖教會關係十分密切，從一九〇一年開始，已合作了半個世紀。聖教會把這個計畫告訴了臺灣聖教會的同工和臺灣聖經學院院長王錦源牧師等多人，教會同工和王錦源牧師都很贊成此一計畫，決定把臺灣聖經學院遷到臺中去，與遠東宣教會的神學院計畫合併。經過計畫的

▲黃金田牧師參加了一位牧師按牧講道

進行，正式決定定名為「中台聖經學院」。院長就是遠東宣教會的美國籍人士吉愛慕，他的祖父吉寶倫就是在一九〇一年跟隨查理．高滿夫婦。從美國前來日本建立宣教機構，和大力支持日本聖潔教會的宣教人士。在美國時，吉寶倫服務於芝加哥電信局，是局長查理．高滿帶領受洗信主的第一位信徒，二人之間關係十分深厚。也都對宣教有相當火熱的心。

臺灣聖經學院決定遷至臺中以後，原來就讀第一屆住在北部的外省籍同學，未一同南遷到臺中，而跟隨孔彼得、祁約翰等教師前往臺北大滝洞繼續臺灣聖經學院的學習課程。

學院遷到臺中以後，一方面開始尋找校地，一方面則租屋在太平路供學員上課和住宿。租到了兩間相當寬敞的花園別墅，供三十餘名的學生上課住宿居住，還綽綽有餘。為了尋找校地，同學們都相當認真的迫切禱告，因為第三屆招生以後，現有的校舍將不敷使用。學員們當時禱告的熱切精神，院長吉愛慕的父親吉寶倫二世對學生持相當肯定的態度，寶倫先生曾經在韓國開拓教會，認為韓國的信徒在禱告時，精神相當專注迫切。他那時對同學們的評語是，不輸給韓國人，這是很大的鼓勵。

果然不久以後，就傳來了好消息，說是那時臺中市的市長，楊基先非常關心這件事情，表示要全力促成中臺聖經學院的購地問題。楊基先在某一場合中認識了吉愛慕院長，談到此一問題，就很熱心的表示幫忙。同學們聽到此一消息以後，都感到非常高興，過沒多久，中臺聖經學院的校地問題就得到了解決。經由楊基先的介紹，購入了一塊九千坪的土地，全體師生都為此感謝不已。

這位楊基先市長，是當時臺灣的縣市長中，極少數的非國民黨籍市長。與日據時期的臺灣民族主義者楊肇嘉有叔侄關係。他們的形象意義相當一致，也因此得到人民的肯定，而成為不同時代的政治家。楊基先市長後來在卸任以後的一九五七年，在臺中聖教會由王錦源牧師施洗而成為基督徒，成為神國的子民。

當時已在臺中擔任傳道工作的黃金田，帶領這位前市長洗禮禱告，印象特別深刻的是，楊市長受洗後痛哭不止，極為感動。除了中臺聖經學院的校地以外，楊基先在市長任內，還批准了最受國際矚目的東海大學土地撥用案，使得基督信仰鮮明的東海大學得以在臺中設立，也是殊為難得的政績。東海大學設校的資金來源，是由美國基督教聯合會出資，所以後來歷任校長大部分都具有基督徒的身分。東海大學在臺中設立，最為引人注目的還有由

▲耶穌時代聖經書卷（仿製品）

知名建築大師貝聿銘設計的路思義紀念禮拜堂，這個禮拜堂是校門入口處不遠最爲引人注目的一棟建築物，也是東海大學最具入口意象的地標。後來當時的美國副總統尼克森，則前來臺灣進行東海大學破土典禮，成爲臺灣國際外交史上，轟動一時的盛大事件。

實習傳道
台中、西港、台北行

台中聖教會的興旺

目前台中市舊市區三民、民族路口的台中聖教會現址，在戰爭結束後當時，是一處荒廢的空地，之所以會荒廢，也是因為戰爭的關係所導致，因為地處台中市的市中心區，又臨近人來人往的第二市場，所以聚集了不少來自沿海地區討生活的流浪人口，而這些流浪人討生活的方式，就是為人修理皮鞋。

這些皮鞋修理匠的人數不少，讓現在聖教會現址從外面看起來就是一個修鞋區，他們夜間就住在裡面臨時搭建起來的簡陋建築物，而在聖教會現址的北側，即是當時台中地區最著名的李祐吉外科醫院。李祐吉院長，原來也是日據時代台中醫院的院長，醫院的整體建築外觀相當宏偉美觀，可惜後來拆除改建為大樓。

台中聖教會當時會購買這塊土地，是因為中台聖經學院院長吉愛慕，與當時的民選台中市長楊基先相當熟稔，由市政府與搭建佔用這塊二百二十五坪土地生活的流浪者取得了協議，由中台聖經學院支付搬遷費用，將現址騰空以後，再以六萬元的地價款買下土地，這筆巨大的土地款，即是由當時第一任的中台聖經學院的院長吉愛慕院長的母親捐助。

吉愛慕的父親吉寶倫二世夫婦，當時也在中台聖經學院擔任教職，吉寶倫二世的夫人，以她在美國所寫基督信仰的著作所得，買下這塊土地。再經過一年多以後，再由聖經學院的老師和台中聖教會的會友們共同捐資十七萬五千元奉獻興建成所有的建築物。而在建築物未興建以前，均是以搭帳棚的克難方式講道。

台中聖教會開始興建時，黃金田已是聖經學院三年級的學生，依照規定必須開始擔任實習傳道的工作。由於黃金田希望回到故鄉西港去，聖經學院便如其所願派他到西港聖教會擔任實習傳道的工作，距離他小學時代想成爲一名傳道人的時期，如今又過了十多年，而小學時代少年時期的夢想，也逐漸實現。

一九五三年七月十八日，中台聖經學院舉行落成奉獻堂典禮，由世界著名的皮爾斯博士主持獻堂典禮。之所以稱之爲世界著名，黃金田說，這並不是刻意加以奉承，而是皮爾斯博士當時是國際著名的世界展望會會長，世界展望會在那個年代，曾經前往韓國照顧因韓戰爆發後而成爲孤兒的孩童，這些孩童數以千計，皮爾斯博士還親自到韓國負責這項照顧戰爭孤兒的人道計劃，得到國際社會相當大的敬重。除此之外，對台灣而言，世界展望會也在偏遠山區，斥資興建了不少道路和衛生設備。

而中台聖經學院的大樓，由皮爾斯捐助興建，因而後來被定名爲「皮爾斯大樓」。即使如今已相隔約六十年，黃金田對皮爾斯博士的講道仍然記憶猶新。

因爲，皮爾斯博士自稱，從小就被父親認爲是一個很愚笨的孩子，父親在他的兄弟之中，也是最看不起皮爾斯。皮爾斯說，父親這種對待他的態度，令他覺得很難過。可是，皮爾斯在講道中指出，他的母親的說法，卻跟他的父親完全相反，他的母親告訴他，當她還在懷皮爾斯的期間，就一直不斷地向上帝禱告，而上帝告訴他的母親，未來出生這個孩子，一定是一個要爲上帝所使用的人，成爲神的器皿，在社會上一定會有蒙上帝喜悅、相當大的成就。

皮爾斯在講道中指出，他的母親給了他很大的信心，使他得到很大的激勵，讓他從父親的陰影下，走出了一條人生的大道。

▲黃金田牧師於野外禮拜講道

再度回到西港聖教會

一九五二年的六月中旬，黃金田以中台聖經學院三年級生實習傳道的身份，回到了出生地故鄉西港，那種興奮與滿腹的熱情，歸鄉的歡欣之情，如今將近六十年後回想起來，仍令他十分喜樂不已。

故鄉西港以及西港聖教會，他從小就一起長大和看著他長大的會友和長輩們，也都抱著熱烈的心情歡迎他的歸來。

回到西港以後，實習傳道的工作從七月一日才開始，但在禮拜日前往西港聖教會做禮拜時，那股歡欣之情，就已經佈滿了教會。對會友而言，西港聖教會有了在教會長大的青年子弟要回來擔任傳道人，令他們感到既親切、教會正在成長的滿足喜樂。

黃金田甜蜜回憶中令他最感動的，就是被他稱爲「士叔」的孫士。孫士本身並不識字，因爲信主讀羅馬拼音的聖經，再讀和合本聖經而逐步識字。對聖經和文字的認識，隨著時間而增加，肩負愈來愈多教會重要事工。孫士對黃金田的歸來非常高興期待，也因爲如此，那時已連續多年在台南和西港聖教會兩地，騎著腳踏車奔波的許遵道牧師，也得以減輕兩地奔波的勞累。

許遵道牧師當時也是台南監獄的教誨師，他來西港聖教會擔任講道，完全是沒有任何報酬的奉獻，能減輕西港教會事工的壓力，是黃金田覺得能與他尊敬的兩位前輩分攤重擔，也是一件值得高興的事。孫士後來因爲他的熱心奉獻而被教會封爲「勸士」，許遵道牧師一直到目前，都是黃金田在台中的好鄰居，現年已年逾九旬。

回到西港聖教會擔任實習傳道，就開始和孫士拜訪會友，禮拜日則開始爲故鄉的會友講道、牧會。未料，卻發生了一件意外事件，而感到心情陷入低潮。

黃金田回憶說，當時有一位會友名叫周金錠，父

▶年輕時期的黃金田牧師

親原來是篤信神佛的民間信仰者，甚至在家中設有神壇進行祭拜，卻突然撿到一件異物，全家陷入邪靈惡煞作怪，而導致全家人惶惶不可終日。周金錠的父母引領受洗歸主以後，家中才得到平安，全家大小都虔心信主。但周金錠的小兒子卻在黃金田回故鄉牧會時，發生遭到瘋狗咬傷的意外，發燒又出現恐水症，而送台南省立醫院急救時，已爲時過晚來不及救治而去世。做爲一名年輕的實習傳道，黃金田爲此而心內感到痛苦，好在此一意外事件，並沒有影響到周姓家族的信心，仍然持守信仰，熱心教會工作而後來成爲教會的執事。

原來預定在西港擔任實習傳道的時間是一年，結果才三個月，卻又因一件意外事件，而使得教會將黃金田調往台北聖教會。

調往台北聖教會的日子

台北聖教會派任前往負責的實習傳道為黃金田的同學鐘永陞，但他到台北擔任實習傳道工作時，卻因為一件會友在言行舉止的問題，而希望調往其他地方實習，而和黃金田實習的西港聖教會進行人事調整、互相對調。

剛到台北聖教會時，自己一人先到任，因妻子剛生小孩作月子，心情也需再做調適，經過二個月，妻子周秀金和孩子的到來，卻使他很快的就能適應在台北的生活。不久，教會從大稻埕搬遷至寧夏路三十四號二樓，那時王錦源牧師的兩個兒子王守仁、王育仁兩兄弟在租用的二樓一同生活，王守仁弟兄讀台大電機系，王育仁弟兄讀台北工專，在台北聖教會牧會之時，就如此克難的六個人分住兩個房間。

而在這段期間，當時中台聖經學院的第二任院長，也是美國籍的吳智院長到台北聖教會來講道。由當時在台大電機系就讀的王守仁擔任翻譯，將吳智的英語講道翻譯為華語，而黃金田平日的講道，則以台語發音，亦由王守仁翻譯為華語。身兼日本東京聖經學院院長和日本聖教會委員長的車田秋次，亦曾由王錦源牧師陪同來台北聖教會講道，由王錦源牧師翻譯為台語。

當時教會的會友裏面，有一位韓國籍的女士名為鄭盛元，雖然前來教會聚會，但因為語言隔閡，對於講道的領受相當有限，卻憑著信心在聚會後虔心

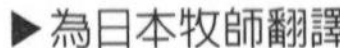

▶為日本牧師翻譯

的禱告，又和擔任傳道工作的黃金田以日語溝通。而這位鄭女士的夫婿，則是畢業於東京帝國大學的優秀人才，當時正前往中國大陸地區開設工廠，工廠的規模相當大，而她一人帶著兩名叫做玉善、玉眞的女兒在台灣，後來自己一人到基隆開拓了一家韓國教會，其信心及毅力之堅定令人印象深刻。

在台北聖教會的十一個月，生活多采多姿、充滿各種不同的感受，也因爲與多位年輕熱情的朋友相處，而經常深談聖經裏的神國之道至夜深，因此睡眠不足而造成免疫力低，再因教會和居所附近設有大眾澡堂，大量燃燒煤炭產生的濃煙造成空氣污染，黃金田染上了當時被視爲很有可能成爲絕症的肺部疾病，疾病纏身前後長達二年之久。

在台北聖教會當實習傳道的期間，雖然年齡與資歷尚淺、也只是一名三年級的神學生，但當時擔任聖教會理事長的高進元牧師遠在台南牧會，不克前來參加在台北舉辦、由台灣省政府社會處所召開的人民團體的會議，而由黃金田代表出席參加此一會議。到了會議的現場，才發現在與會的人民團體的負責人當中，自己是最年輕的。對於當時的會議，黃金田目前還記得的就是，與會的政府官員講話重點，大約是說，政府在幾年來，已經從最惡劣，跌到谷底的環境之中，開始向上爬升，而且未來也會愈來愈好，希望各人民團體多與政府合作等等。這類型的政府官員講話，可以說是當時那個時代的特徵之一。

不過，那時政府對人民團體普遍性的要求，卻讓台灣聖教會產生了某些困擾，因爲當時的省政府社會處，正式向其所轄的各人民團體要求凡使用「台灣」二字爲名稱者，必須在上面加上「省」字，如此一來，台灣聖教會就變成了「台灣省聖教會」。而這樣的名稱，對於聖教會本身造成相當的困擾，因爲名稱改了以後，絕大部份的牧者都覺得很不適應。於是這樣的意見便向社會處提出，而社會處前來列席的官員，在經過教會提出反映之後，約在一年半以後，再恢復原來的名稱，而拿掉了其中的「省」字，至於政府官員派員參加教會內部會議的作法，也顯得有些突兀，經過了一段時間，也就取消了。

在台北聖教會擔任牧會的實習傳道工作，到了一九五三年八月三十日就結束了。回憶當時在台北聖教會將近一年的生活，黃金田認爲，在他的人生當中留下來相當美好的人生歲月的經驗。

黃金田說，初到台北時，聖教會原來設在大稻埕，所以叫做「大稻埕聖教會」。後來搬到寧夏路去了以後，則正式改名稱爲台北聖教會。由於牧師娘帶了大女兒麗蜜，和剛滿月的志恒到台北來共同生活，所以在台北聖教會內，就自行開伙共同生活。除了一家四人以外，還有王守仁、王育仁兩位兄弟共同生活在一起。有時，聖教會裏的年輕會友也會共同享用晚餐，共同分享信仰的感想與經驗，生活過得十分有趣而寫意。

黃金田剛到大稻埕聖教會時，一晚佈道會後進行呼召，請想信耶穌的人站到講台前面來，後來成爲會友的楊允慶就走到講台前，突然跪了下來，頭則貼在地面上，形成磕頭不起的姿勢。教會的人對此一情況深感意外，爲了避免發生不必要的紛爭，就到附近請了派出所的員警來。員警到來以後，楊允慶起身站立，只是不斷重複著「基督徒要悔改」這句話，然後就離開了教會。第二天教會的人員前往拜訪，希望對他能夠有進一步的認識，他卻對自己前一天晚上跪地磕頭的經過毫無印象。

在台北聖教會牧會期間，認識了在當時很有名的教友楊基銓，以及後來在台灣民主政治史上非常有名的郭雨新兩位人士。楊基銓妻子劉秀華是教會裏面熱心信主的會友，所以夫妻二人同時來參加主日禮拜。楊基銓在日據時代畢業於日本東京帝國大學，返回台灣以後，通過了高等行政的考試，在二十四歲就被派到宜蘭當郡守，是當時最年輕的台灣人地方郡守，因此在地方上十分著名。

黃金田回憶，當郭雨新來台北聖教會參加聚會時，一位與他相熟的會友，特別私底下介紹他，是當時在台灣省參議會經常對國民黨施政腐敗問題提出質詢的省參議員，與高雄的郭國基參議員，都被稱爲在省議會相當有名的「郭大砲」。原來郭雨新是大稻埕聖教會「福音使」石安美的女婿。

在台北期間，除了教會的生活以外，也去拜訪過住在台北的親戚。當時有一位舅公的女兒，名爲林雪，被稱爲「雪姨」，夫婿潘貫在台灣大學擔任理學院的院長，後來也成爲中央研究院第一位台灣人院士。當時與他同時在台灣大學文學院院長的林茂生，則已在一九四七年的二二八事件中，無故遭到國民黨的殺害。黃金田說，當時台灣大學的校長是傅斯年，也是一位相當認眞辦學的校長，台大聘任的教授也都是相當優秀、一時之選的好人才。林茂生也曾經是王錦源牧師的老師，所以黃金田對林茂生不幸的遭遇，留下了深刻的印象。而在多年前，黃金田也遇見過林茂生的哲嗣，國際聞名的醫學博士、曾任聯合國衛生組織理事主席的林宗義博士。

一九五三年八月底離開了台北聖教會，結束了實習的工作，就先行帶著家人回到了西港的家中。九月中旬又回到了中台聖經學院繼續修習第四年的課程。在這段期間，發生了一件意外的事件，就是中台聖經學院的副院長王錦源的長子，和黃金田在台北聖教會內共同居住生活的王守仁，因爲車禍意外，而被送往醫院急救，首先送到台北的一家軍醫院，但軍醫院因爲傷勢太重而吩咐其轉院，於是轉送台大醫院，到台大醫院以後，卻因爲找不到保證人，以致醫院未對他進行治療。後來，才透過原來大稻埕聖教會的林天生福音使，連絡上了曾擔任日據時期擔任過宜蘭郡守，後來擔任政府機關要職的楊基銓，及其夫人楊劉秀華女士擔任保證人，才由醫院急診治療。

王錦源牧師趕到台北台大醫院以後，才知道情況相當嚴重，王守仁在車禍後，腦部嚴重受傷，腦汁從耳朵裏面向外滲出，而且有發燒三十八度的症狀，醫院的主治醫師認爲相當不樂觀。

中台聖經學院的師生，以及全台灣各地聖教會，發起學員和會友為王守仁的傷勢禁食禱告和通宵迫切禱告。禱告以後，王守仁的病狀慢慢穩定下來，終於得以在一個多月以後康復出院。

王守仁歷經此一車禍意外事件以後，仍然繼續在台灣大學學業，畢業以後，先後在幾家著名的大學神學院，取得神學方面的兩個碩士學位。最後還回到了他最初取得哲學博士的美國阿茲貝里神學院，擔任教授，成為世界華人中最具權威的神學家。全美各地的華人教會，經常邀請他前往講道。

對於當時王守仁能夠化險為夷，當是令人欣慰的神蹟，他後來在美國學術上的成就，更是難得的恩典。

再度回到中台聖經學院

回到中台聖經學院以後，新的校舍建築已經完成，而且環境相當優美，連空氣都比在台北聖教會時鄰近有澡堂燃燒煤烟的空氣好很多。

黃金田說，那段在中台聖經學院當學生讀書的日子，是一段相當幸福的日子。除了上課讀書，當一個神學生，也必須在假日外出佈道。在這段期間，黃金田最深刻印象的是，前往苗栗縣苑裡的一次佈道會。

因為當時苑裡最有名的首富周懷恭，也是苑裡聖教會的會友，他經濟實力相當的好，因此在佈道前，就聘請了當地一支由十多人組成的樂隊在市區裏面奏樂遊行，藉此來吸引民眾來參加佈道會。這樣的做法在當時相當的吸引人，因此一下子就來了四、五十人，讓佈道會十分熱鬧。周懷恭十分熱心於對教會的奉獻和福音事工，到一九五七年苑裡聖教會獻堂時，共有一百五十人受洗，是一個十分可

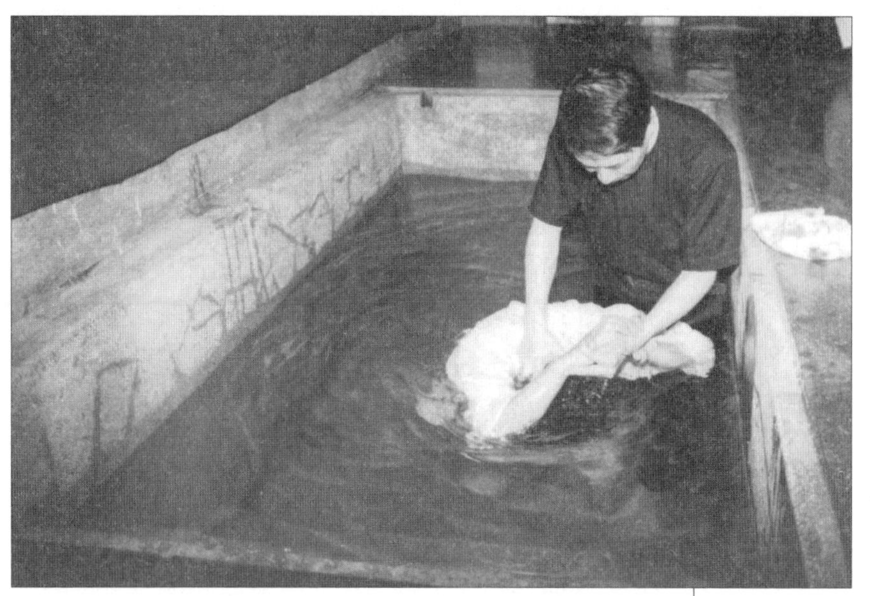

▲黃金田牧師在洗禮池主持浸禮

觀的人數。

在聖經學院四年級時，他還到中國廣播公司，兩次擔任空中廣播講道節目的主講人，在節目中以音樂和講道穿插

當時負責開拓沙鹿、潭子、豐原、彰化各地教會艱辛工作的，是中台聖經學院的佈道隊。此一佈道隊的成員，都是中台聖經學院裏面速成班的學生。速成班的學生學習的期間是一年，結業以後即成爲佈道隊員。而教會的開拓工作，則是由佈道隊先行派員，到這些地方尋找適合的地點，把準備做爲教會的地方先行租下來，租期至少都在一年以上。然後再由佈道隊和中台聖經學院的四年級生所成立的佈道樂隊，在當地區域的重要街道以樂隊演奏吸引民眾。這樣的開拓教會方式，其辛苦是可想而知的，而初期能夠找來參加佈道會的人數，以及願意成爲教會會友的人數，也相當有限，但是長期不斷

辛勤努力耕耘下來，會員人數積少成多，五十多年後的今天，都成了具有一定規模的教會。

黃金田回憶起五十多年前，與佈道隊共同開拓教會的經過，認爲當時的聖教會眞的是從無到有，可以說是白手成家。招募來的會友，幾乎都是第一代的基督徒，也就是從民間信仰者，或無信仰者改變爲基督信仰者。

這些第一代的基督徒能夠成爲神國的子民，對他們是很大的鼓勵。佈道隊的隊員大概一直維持在十五人左右。而主其事的，就是在戰爭前，負責台北大稻埕聖教會的林天生福音使。

林天生出身是一位富家子弟，台北大稻埕聖教會的土地和建物，均是由他出資購買興建，一九四三年間，日本政府由於戰爭，懷疑基督徒可能成爲敵對國美國的間諜，而將全台灣十六家聖教會都勒令關閉。因此到了戰爭結束以後，雖然再行恢復，但卻使建立教會的工作，受到了很大的影響。林天生福音使留學日本東京聖經學院的期間較早，而年紀也較長，所以在戰爭結束以後，雖想熱心參與建立教會的工作，但也因爲體力並沒有獲致很大的成效。

即使如此，中台聖經學院在台中的成立，尤其在整個學院校舍完成以後，對台灣各地的聖教會，不管是會友或者是擔任傳道工作的牧者而言，都是一個很大的激勵。對未來的福音事業充滿信心，林天生帶著他的妻子到中台聖經學院，想再奉獻二人心力。林天生擔任佈道隊的隊長，妻子在中台聖經學院，熱心參與學校師生的膳食工作。

黃金田指出，佈道隊在林天生有條不紊、不疾不徐的領導風格下，終於漸漸累積了成果，在各地開拓出一處一處的教會。他還記得，後來自己以實習傳道的身份前往台北聖教會牧會時，曾去林天生的家中拜訪過，看到家境富裕的林天生在家中養了不少鴿子，而在當時，鴿子是一種價格相當昂貴的鳥類，一隻鴿子價格與二兩黃金價格大致相同。

在基督信仰裏面，鴿子可以說是十分重要的鳥類，和老鷹一樣，都有相當重要的角色象徵意義。在聖經裏面，鴿子有時代表聖靈，像耶穌基督在約旦河受洗是、聖經福音書的記載是，當時有聖靈彷彿鴿子從天上降下來在耶穌基督身上。而從鴿子本身所具有的特質來看，鴿子的特點是善良、愛好和平、純潔。尤其在舊約的約書亞記十三章裏面，出現了一位專心跟隨耶和華上帝的英雄人物迦勒。在舊約的記載中，耶和華親自告訴摩西和約書亞兩人，迦勒專心跟隨耶和華神的腳步。

黃金田牧師指著手上已經十分老舊、修修補補使用了超過半世紀的老聖經指出這段舊約中的記載，來證實迦勒的忠心，這段文字記載在約書亞記十五章 6 至 15 節：「**上到伯・曷拉，經過伯・亞拉巴的北邊，再上到流本的兒子波罕的磐石那裡；又從亞割谷上到底壁，再北轉到河的南邊亞都冥山坡對面的吉甲去；又經過隱・示麥水泉，直通到隱・羅結；再上到欣嫩子谷，到達耶布斯南面的山坡，耶布斯就是耶路撒冷；又上到欣嫩子谷西邊的山頂，就是在利乏音的北端；又從山頂轉到尼弗多亞的水泉，伸展到以弗崙山的眾城；又轉到巴拉，巴拉就是基列・耶琳；又從巴拉向西繞到西珥山，經過耶琳山坡的北邊，耶琳就是基撒崙；又下到伯・示麥，經過亭納；伸展到以革倫北面的山坡，轉到施基崙，經過巴拉山，伸展到雅比聶，直通到海為**

止。西方的疆界就是大海和海岸。這是猶大人按著家族所得四圍的境界。約書亞照著耶和華所吩咐的，把猶大人的一份地業，就是基列·亞巴，分給了耶孚尼的兒子迦勒；亞巴是亞衲人的祖先。基列·亞巴就是希伯崙。迦勒把亞衲人的三個子孫，就是示篩、亞希幔、撻買，從那裡趕出去；他們是亞衲人的後代。他又從那裡上去攻擊底壁的居民；底壁從前名叫基列·西弗。」

黃金田特別強調指出，在舊約的希伯來文中，「迦勒」這個字的意思，就是「鴿子的眼睛」的意思，而「鴿子的眼睛」的意義就是一個專心專注於耶和華上帝並忠心順服的人。

從聖經中所教導的角度，黃金田認爲，林天生在一九三七年十二月十二日，購地建堂成立台北大稻埕聖教會，在當時而言，可謂是一項專心順從耶和華的一位忠心的傳道人。

黃金田並且引述了台灣聖教會的歷史資料指出，林天生對於上帝的忠心伺奉，其實在更早的一九二六年，日本聖教會在台灣的萌芽時期便已開始：

「一九二六年一月三十日日本聖教會監督中田重治牧師率領安部藤夫牧師蒞台，先在各地領會後，抵北借用『台灣日日新聞社』樓上舉行第一所聖教會之發會式（開幕禮拜）。一九二六年一月三十一日租台北市御成町一丁目 10 番地（今之中山北路一段鐵道邊）店舖二樓，舉行首次主日崇拜。一九二九年石安美牧師在太平町林天生先生寓所（今之天水路 51 巷）設大稻埕聖教會開始台語工作。一九三一年遷至建成町（今之華亭街）聚會。一九三二年林天生先生協助聖工，並設古亭町、緣

町兩處佈道所。一九三七年十二月十二日購地建堂於大橋頭（今之延平北路二段太平市場內）**並舉行獻堂典禮。一九三九年林異雷牧師及李延澤先生前來協助聖工。一九四二年三月許洲木牧師由日返台，在本會協工。一九四三年四月八日因聖教會信仰和日本當時侵略國策抵觸而教會被封禁。一九四六年十一月五日台灣光復後，林天生先生與靈糧堂合作重開聖工。一九四九年美國宣教師孔彼得牧師前來協助。一九五二年二月二日台灣聖教會正式派陳甘霖、張秀珍、黃金田、林茂盛前來接任工作。一九五二年十月二十九日遷到寧夏路三十四號二樓**（今之蓬萊國校對面）。」

除了在中部地區的各鄉鎮支援佈道隊開拓教會，黃金田等中台聖經學院第一屆即將畢業的學生，也必須在三民路民族路口的台中聖教會擔任佈道的工作，當時這塊土地雖由吉博文的夫人，以寫書所獲的版稅六萬元來買下，但卻沒有經費可以來興建禮拜堂，所以只能在空地上搭起帳棚來佈道。這種在帳棚中佈道的經驗，如今在五十多年以後回想起來，也是非常有趣。

在場聽道會眾所坐的椅子，則是向鄰近的桌椅出租行所租來的。回想台中聖教會開拓建立的過程，是相當的克難。在那種經費拮据的情況，台中聖教會得以建堂完成，完全是美國和台灣兩地的基督徒熱心奉獻的成果。其中印象最深的，則是在獻堂成立以後不久，美國男士證道團一行來台中聖教會領會證道時，帶團的團長華格遜在台灣期間，正逢接到美國傳來的消息，說是他的兒子因故去世，華格遜團長爲了紀念他去世的兒子，就奉獻了一筆五千美金給台中聖教會，使台中聖教會的財務因此更為健全，福音事工得到更為有力的推展。

此一美國男士證道團的組織架構，跟目前台灣的全福會很類似，大多是由企業職場的男士們所組成。而當時華格遜團長這種將喪子之痛，轉化為更積極奉獻的力量，也顯示出基督信仰中十分令人感動的寶貴力量。

一九五四年六月十七日，黃金田與另外四位同學，終於在中台聖經學院畢業，成為後來改為中台神學院的第一屆畢業生。在畢業式上，黃金田代表了這五位畢業生致詞。

在中台聖經學院的學生生活，是他人生最為快樂的一段美好時光，也是最美好的一段記憶。不過，現在回想起來，當時校方有一項規定男女同學不得交談的校規，導致有部份同學因此遭到退學，似乎太過嚴苛。因為當時在一般的大專學院當中，並無如此嚴苛的規定，這項規定後來也經過校方的檢討而廢除，但對已被退學的同學而言，卻為時已晚。而有未能亡羊補牢之憾，但學校裏的校風，也由原來的刻板嚴謹、轉變得較為自由開放。

正式傳道師與病痛的試驗

桃園聖教會牧會與養病

畢業以後，黃金田奉派到桃園聖教會牧師，七月一日到任時，教會的房東表明不再續租。由於教會位於當地大廟口的對面，教會他遷也未嘗不是一件好事。因爲後來牧會經驗顯示，教會如果位於廟旁，常容易受到廟會活動音量過大影響，確實會干擾到教會正常講道及其他活動。

新址是店面，講道用的禮拜堂在一樓的前半部空間，後半段的空間就權充爲「牧師館」，家人也皆同住於此。遺憾的是，因長期燃燒煤球的關係，不但房內牆壁上留有煤烟的黑色燻塵，室內空氣也因此帶有異味，黃金田因此患肺疾。

黃金田此時滿懷熱忱、想積極做好牧會，因此工作相當忙碌，有時就騎著腳踏車四處拜訪會友。有天路過林園，發現當地正在舉行「乞雨」祭拜儀式，儀式現場排放由各廟請來的神明，前面插支高聳於地面的竹竿。據參與「乞雨」祭拜活動的人指出，除了從各廟請出的神明，祭拜活動實際上由當地鄉長主持，而主持祭拜的主祭官，罕有的穿上喪葬儀式才會出現的蔴衣來進行「乞雨」。

更特殊的是，祭拜活動爲了要顯示求雨心切，由民眾沿途以幾步一拜的方式，到海邊去取水回來祭拜的式場。黃金田說，印象中那次的「乞雨」並沒有達到預期的要求。那是他一生中唯一一次看到「乞雨」。令他想起使徒保羅在新約「使徒行傳」中所說的：

「各位雅典人，我看你們在各方面都非常敬畏鬼神。我走路的時候，仔細看你們所敬拜的，發現有一座壇，上面寫著『獻給不認識的神』。我現在把你們不認識而敬拜的這位神，傳給你們。創造宇宙和其中萬有的神，既然是天地的主，就不住在人手所造的殿宇，也不受人手的服事，好像他缺少甚麼；他自己反而把生命、氣息和一切，賜給萬人。他從一個本源造出了萬族來，使他們住在整個大地上，並且定了他們的期限和居住的疆界，要他們尋求神，或者可以摸索而找到他。其實他離我們各人不遠，因著他我們可以生存、活動、存在，就如你們有些詩人說：『原來我們也是他的子孫。』我們既然是神的子孫，就不應該以為他的神性是好像人用手藝、心思所雕刻的金銀石頭一樣。過去那無知的時代，神不加以追究；現在，他卻吩咐各處的人都要悔改，因為他已經定好了日子，要藉著他所立的人，按公義審判天下，並且使他從死人中復活，給萬人作一個可信的憑據。」

黃金田認爲，「乞雨」的活動中祭拜的「天神」其實就是「使徒行傳」中所說的未知之神。

到桃園聖教會牧會沒多久，即遇到一位在銀行擔任經理的卓姓會友去世，身爲傳道師的黃金田當然也就負起爲家屬協助處理喪葬事宜的責任。而舉行喪禮的當日，由於當時台灣早期的禮儀社尚未普遍，所以亡者的棺木，依例都是由親友幫忙搬抬，而正好當日又是台灣傳統民俗信仰中所謂的凶煞之日，因此前來抬棺的親友，都對此感到心裏毛毛的。有那麼幾分害怕的感覺。

那天只覺得幫忙抬搬棺木的親友表情中帶著幾分畏懼，後來才知道他們是因爲當日是凶煞日，而感到心理上很不自在，唯恐因這事件而發生意外或疾病等問題。後來其中一人表示，過了幾天後，大家都沒有因爲當日的沖煞而發生任何事情，也因此而認同基督信仰，確實比一般民間的傳統信仰更爲進步，而對教會產生了正面的印象。

在桃園聖教會近四個月，黃金田發現自己咳出的痰液中帶有血絲，於是到醫院檢查，發現輕度肺病。黃金田寫信向中台聖經學院報告身體問題，獲悉此一情況的吳智院長，立即寫封介紹信要他前往彰化基督教醫院，找當時著名基督徒醫師蘭大衛診治醫療。

蘭醫師診斷後要他先休息四個月保養，並多補充營養，因爲當時他的體重只有五十多公斤，比一般正常的體重標準，不足近十公斤，相當虛弱。

黃金田深切地體會溫柔慈祥和藹的蘭醫師，一種特殊而難以言傳的心理治癒能力。之前聽說蘭醫師的父親蘭大弼醫師，有神奇治癒能力的傳說：不少病人，在經由蘭大弼醫師問診談話後，疾病便不藥而癒。

黃金田認爲，蘭大衛醫師也同樣具備神奇的治癒能力，來自基督的愛所散發出來的力量。尤其，蘭醫師的母親早年行醫宣教過程當中，爲了治療一名放牛牧童腿部潰爛的患部，竟把自己的皮膚切割下來，進行換膚手術。這種來自基督的眞心之愛，深切地感動了很多聽聞此事的人心，也感動了這位牧牛少年，後來這位少年因此信靠基督、成爲一名牧師。

離開醫院回到中台聖經學院的黃金田，即經由校方的同意，返回台南西港家中休息以療養肺部疾病。

回到西港家中，環境空氣清新，身體逐漸好轉。黃金田省思患病的根源，最早期可能是在台北聖教會期間，鄰近的澡堂燃燒煤球的廢氣污染。也因爲樂於成爲積極進取的傳道人，卻疏忽正常必需的休息。

黃金田說，院長吳智經常提醒他們爲主作工時，切勿破壞上帝的自然律，要懂得適當的休息，生病時不無感到幾分懊悔。

台灣最南端的牧會

修養過後，接獲奉派前往潮州牧會的指示。黃金田又舉家前往台灣最南端的屏東潮州聖教會赴任。雖然潮州的天氣相當炎熱，但會友們一般親切有禮，黃金田體力也增強了不少，又開始了勤奮愉快的牧會生活。

在潮州的聖教會裏來了一群遠地來的會友，來自「佳佐」，乍聽之下與台灣「跳蚤」的台語發音十分相似，所以留下十分深刻的印象。基於在佳佐開拓教會的構想，黃金田和潮州聖教會熱心的會友許鉛註到佳佐去舉行佈道會，佈道會的地點就是在沈黃布的家中舉行。才知道擔任「勸士」的王思恩，曾到佳佐帶領家庭禮拜，已經撒下了基督信仰的種子。

前往佳佐的交通十分不便，黃金田和許鉛註二人，騎了將近一小時的石子路才到。結束講道再騎車回到潮州聖教會時，已是快午夜。也許是不堪如此勞累奔波，第二天早上起床，黃金田又再度咳出紅色的鮮血。

黃金田的信心受到很大的打擊。他仔細回想，桃園發現徵兆前，也是正要開拓中壢聖教會的期間。負有開拓教會任務者，在開拓期最容易受到魔鬼撒旦的攻擊。這次咳血，比上一次的發病更爲嚴重，第一次的發病只在吐出的痰中發現血絲而已，在潮州的咳血，卻一次咳了三口的血，經由潮州基督教醫院的醫師診治，肺部已開始有纖維化的現象。

由於肺疾復發嚴重，四十天臥病中，黃金田心情相當沉重。潮州聖教會的講道工作，亦由聖教會南部教區各地的傳道前來支援。台南聖教會的林翼雷亦前來探視病中的黃金田。

林翼雷牧師是他自童年時的兒童主日學老師，黃金田對老師尊敬有加，一見到黃金田，林翼雷即以日語引述了詩篇第二十三章「**耶和華是我的牧者。……他引領我躺臥在青草地上，……**」安慰並鼓舞他的病體能在神的醫治中早日康復。

臥病在床的黃金田，也經常領受聖靈的安慰和醫治，在他的耳際，經常像有人反覆地在告訴他：「**壓傷的蘆葦，他不折斷。將殘的燈火，他不吹滅。**」這句話是馬太福音十二章二十節，耶穌基督爲自己做見證時所引用先知以賽亞的經文。黃金田說，這句話使他得到了很大的醫治。

之前，黃金田一度陷入憂慮，他十分擔憂不治，將會讓堂上雙親再遭到無情的打擊，兩個哥哥的死亡陰影，彷彿又再度浮現。林翼雷引用的經文，讓黃金田從陰影中掙脫，由信心而來的希望，充滿了他的心中。

那時正好拿到一本書《超越死線》，日本相當有名的福音傳播者，又極有愛心不斷照顧弱勢者的平信徒傳道者賀川豐彥所寫。賀川豐彥詳細地記述了他在罹患肺結核，當時被視爲絕症的疾病時，如何靠著信仰的力量戰勝了病魔。賀川豐彥當時在日本對福音的熱心和行善的聲名，曾遠播到太平洋彼岸的美國，以致他到美國訪問時，受到了上國貴賓般的禮遇。他以戰勝絕症的經驗見證分享，當時也鼓舞了不少罹患此一疾病的人。後來日本有名的女作家三浦綾子，也在她的著作中有類似的記述，三浦綾子是以「冰點」此一名作轟動日本文壇的名作家，也是一名十分敬虔的基督徒，不但著有不少基督信仰的作品，更撰寫了新舊約聖經的心得各一冊。

臥病在床時的床頭書，還有考門夫人的《荒漠甘泉》。黃金田說，考門夫人是國際宣教會的原始創辦人，也是日本聖教會的催生者，所以由日本聖教會推動成立的台灣聖教會，也都相當尊崇考門夫人。考門夫人的「荒漠甘泉」，更是聖教會的牧者和會友們都很喜歡的書。

臥病中的黃金田，更有平時所沒有過的領受。

「耶和華必然等候，要施恩給你們…，凡等候祂的，都是有福的。」（以賽亞書三十章十八節）這篇經文的重點在於提醒人們，當自己覺得在等候神施恩的時候，其實神也是在**「忍耐等候地裏寶貴的出產」**（雅歌五章七節），因此人們即使在試煉的黑雲下等候，也應有等候的耐心，因爲神在差遣祂兒子耶穌到世上來以前，自己也曾等候了四千年。

另一則印象更深刻的經文，則是**「我所作的，你如今不知道，後來必明白。」**（約翰福音十三章七節）

這則經文恢復和鼓舞著黃金田的信心。利巴嫩山頂上高大的香柏樹，有一天突然被砍倒了，接著樹枝也都脫落了，希蘭的工人將大樹運下山來，沿著藍色的地中海漂去，最後這株高大的香柏樹成了神殿中一根榮耀光澤的棟樑，被安置在聖殿的至聖所裏，萬王之王的宮殿裏。

「多少時候，我們正像那香柏樹！神的斧子將我們剝削得一無所有，我們看不出有甚麼理由教我們遇見這樣黑暗神秘的對付，但是神自有祂的目的在：神預備永遠來做天上的棟樑、屋椽，叫我們在耶和華的手中作為華冠，在你神的掌上作為冕梳。」（以賽亞書六十二章三節）

這一段的結論，不但在當時或四十五年後的今天，始終給黃金田帶來很大的感動和鼓舞。

病情稍微穩定以後，黃金田又回到台南西港家中，繼續休養身體。剛回到家中的那幾個星期，大部份時間仍然是臥病在床，不過即使在極度虛弱躺在床上休養的一個多月，也把書從床舖上方的屋樑上垂吊下來，繼續每天閱讀《聖經》和《荒漠甘泉》這兩本書。前後八個多月，又把聖經從頭到尾再閱讀了一遍。而「荒漠甘泉」所給予他的心靈上無法言傳的醫治大能，黃金田至今仍記憶猶新。

▲黃金田牧師於音樂會上講道

回到家中休養沒多久，就接到公所發來的軍事點閱召集通知，必須前往軍事單位進行爲期十七天的軍事訓練。接到這樣的通知，令臥病中的黃金田十分困擾，他很擔心再前往接受軍事訓練，不但體力難以負荷，也可能再使病情惡化。於是，他就決定前往台南防癆協會健康檢查。防癆協會確定肺部的病灶已經石灰化，肺結核已近完全治癒的現象。但防癆協會一開始不願出具肺結核症久病初癒的診斷證明，後來只得由兄長黃水瀨向公所兵役科的人說明，才免除了這項軍事召集。黃金田說，當時的省政府主席，是後來擔任蔣中正時代副總統的陳誠，對於軍事召集採取比較嚴格的態度，行政有關單位都抱著畏事的心態，不願意出具任何可能使人可以規避或免除軍事召集的證明。陳誠不但後來擔任了副總統，他的兒子陳履安後來還擔任了經濟部長，也出馬競選過台灣的總統，但是並沒有當選。

▲黃金田牧師參與教會領袖研習會

回家調養的期間，在台北擔任實習傳道期間，認識的一位韓國籍教友鄭盛元女士，也特地遠道南下探望他的病情。他才知道這位熱心愛主的韓籍會友，一直很熱切的爲他禱告，鄭盛元還建議他多吃益母草以保養肺部，他吃了這種草藥以後，覺得也具有一定的效果。

其實在聖經的教導裏面，關於對神的信心可以治癒疾病記載相當多。光是在新約聖經的四部福音中，耶穌基督不但治癒了當時人見人畏的惡疾大痲瘋，而且一次就治癒了十個人，但卻只有一個撒馬利亞人對耶穌表示謝恩。另外，耶穌還治癒了半身不遂無法行動的癱子，和一名患了長年無法治癒的血漏婦女，甚至是極爲嚴重的熱病所導致的死亡，都獲得了痊癒。憑著對《聖經》這些詳細的記載，病中的黃金田相信自己一定可以治癒，而《聖經》中耶穌基督也再三向被治癒的人明白的表示，是他們的信心救了他們。

黃金田說，這樣的教導很容易明白，也經常在講道中對信徒和會友提及，可是一旦是自己咳血時，信心就受到了很大的挑戰。剛咳血時，黃金田覺得自己墜入了一片黑暗無助的空間裏，心中相當的恐懼，可是靠著認眞的讀聖經，熱切的禱告，信心就不斷的增加，感覺上自己也慢慢的在無助的黑暗空間，發現了新的亮光。也感受到信心產生的亮光，使他的身體和心靈感受到新的希望。走過這樣的生命歷程，使黃金田覺得自己的信心，和身體都不斷地在恢復中。

但身體虛弱畢竟還是件不可忽視的事實。有一天，母親滿懷關切的對他轉達了來自舅公的關切之情。舅公非常好心的認爲，要擔任一位牧者，不但要能吃苦耐勞，更要有十分飽足的元氣，才大有能力的站在台上講道，以黃金田的身體狀況而言，似乎無法擔負這樣的重責大任。對於這樣的建議和看法，黃金田認爲不無道理，於是也開始思考轉換其他的工作，由於那時他的姊姊，在王錦源牧師的弟弟王本田醫師的醫院擔任護士，於是黃金田想改行開設藥局，如果身體狀況許可，再以帶職事奉的方式在教會裏擔任講道。

把這樣的思考帶到禱告之中，黃金田心中一直覺得很不平安，他認爲這是一種聖靈的提醒：不宜做這樣的決定。可是一想到要再回到燠熱的潮州牧會，擔心自己身體無法負荷，這樣的想法雖然沒有說出來，卻接到了教會的通知，要他前往台中聖教會報到，使他心中很感動。黃金田認爲，聖靈知道了他的心思，感動了教會的決策，給他一個如此溫

▲約旦境內的世界文明遺產——佩特拉

馨的調職令。

前往氣候溫和的台中，黃金田說，他並非一個挑工作的傳道人，只是考慮到要爲主做工，也是需要身體的狀況允許。

一九五七年三月在西港家中休養了八個月後，黃金田前往台中聖教會擔任傳道師。他對台中已經有了第二故鄉的感情，而當時在台中聖教會擔任主牧的王錦源牧師，是他自兒童時期就很敬仰的一位牧長，又是他結婚時的證婚人，也是他父執輩中經常尊稱他的父親黃盾爲「盾哥」的一位鄉鄰長輩，能與當時擔任聖教會會督的王錦源牧師共事，擔任他的助手，令他感到相當愉悅。

如今回憶起這段過往，黃金田抱著一種十分感恩的心情，到台中聖教會以後，身體慢慢地得到了很大的改善，而在台中聖教會的牧會工作，一做就是四十二年，而他自己也和台中聖教會結爲一體，很多人一提起台中聖教會，就會想到他，一提到他，很自然就會想起台中聖教會。

肺疾及王錦源牧師的好意安排，爲他開啓了台中聖教會牧會四十二年，一直到七十歲才退休的生命史頁。而這一切，是有上帝美好的旨意在裏面，甚至他肺部的疾病，也有上帝的恩典和美意在裏面。

台中聖教會
滿滿的見證恩典

剛到台中聖教會時，除了主任牧師王錦源，尚有一位畢業於中台聖經學院的女傳道吳郁芬，負責會友的家庭訪問工作。女傳道住在教會禮拜堂北側的竹籬屋裏面，是以前中台聖經學院，美籍教師教育子弟的教室。竹屋雖然簡陋，但卻也相當牢固結實，台中聖教會一位名叫林瑞豐的會友，是台灣赫赫有名的霧峰林家的後人，把家中的古色古香的女用梳妝台，搬到竹屋中供教會女傳道之用。

黃金田則住在禮拜堂講台旁的一個兩坪半大房間，供他使用的籐床，也是這位霧峰林家的後人所提供。當時的台中聖教會，並未裝設有電話，因爲裝設電話費用一萬二千元，是一筆相當龐大的金額，有事情需打電話連絡時，就得到旁邊著名的李祐吉外科醫院後側，向一戶裝有電話的鄰居借用，再按使用次數計費。

但教會沒有電話的窘境，過了一段期間，就非常神奇的解決。

神奇妙的預備

黃金田剛到台中聖教會時，向宋朝欽會友的母親宋阿招女士按月計費搭伙。而他到這位會友母親所開的餐廳用膳時，卻發現她態度非常冷淡。原來宋是母親的養子，母親本希望在百歲以後，能有人來供奉香火，養子信奉基督以後，母親認爲他背叛，將來已不可能指望他來供養香火，因此對教會沒有好感。宋朝欽的兒子後來患了小兒先天心臟病去世，教會傳道和會友都很熱心幫忙料理喪事，令這位女士改變對教會的態度，也開始參加聚會。

有一次，宋阿招做完禮拜，在返家時買了她生平第一次的愛國獎券。結果中了兩萬元的彩券，而她知道教會需要錢買電話，就奉獻了一萬二千元的電話裝機費，解決了教會沒有電話的困境。

黃金田說，從宋阿招原本敵視教會的態度，後來轉變爲奉獻一萬兩千元爲教會裝設電話，可以看出基督信仰，聖靈在裏面與我們同在的奇妙。

◀向上聖教會開幕禮拜

叫人得生命，並且得的更豐盛

陳西從是一位很特殊的慕道友，陳父對教會的人很不以爲然，主要是對兒子絕望，這個兒子嫖、賭、飲樣樣都來，每天賣魚貨做生意賺的錢，當天就花得一乾二淨，陳父如此說：「除非棺材板的四支釘釘下去，否則不可能改變的，教會就別浪費時間來拜訪這種無可救藥的傢伙」。

會友們也大都對他沒有什麼好印象，甚至覺得他面目可憎，抱著敬而遠之的態度。但是，出人意料的，陳西從來教會幾次後，竟然決定要受洗，參加受洗前的祈禱準備課程前，他早上把身上還未抽完的香煙全部丟到垃圾桶。而在跪地認罪悔改後，也實現承諾：戒除過去的一切惡習，做一個品性端正的基督徒。

陳西從在信耶穌基督以後，生命有了很大的轉變，賣東西也不再偷斤減兩，因此市場人不再稱呼他的名字，而改稱他爲「耶穌」，意思是他的新生命是從耶穌而來的，他更因此受邀到廣播電台爲信仰做見證。

黃金田說，信耶穌改變人的生命，不止陳西從一位會友而已，很多人因爲父母親或丈夫的反對而沒有受洗歸主，其實是很可惜的一件事，如果能把一切交託仰望在耶穌基督手中，到最後一定能克服一切困難，全家人都能蒙恩得救。

一位叫做黃滋茂的魚販，大女兒在就讀小學時，不幸溺水去世，自責痛苦的父親開始藉酒澆愁，因而染上酗酒惡習，經常影響到生意買賣、經濟拮据，只能租間房間，兩個男孩和八個女兒就像擠沙丁魚一起生活。更因爲他酒後狂亂鬧事，不僅家中生活不得安寧，連妻子都因此準備要離婚。黃滋茂最大的女兒向他的父親規勸，既然隔鄰的陳西從在信主以後能改變酗酒等惡習，希望父親也效法。他從善如流地接受了女兒的建議，開始到台中聖教會，黃滋茂信仰態度竟然相當果決。除去家中廢棄的偶像後，他由衷發出愉悅讚歎的說：「這樣看起來屋子更寬敞，眞是舒服多了。」全家都信主的黃家認眞工作，除了鮮魚以外，也做魚鬆、魚丸，後來又做水晶餃和豆腐的生意，經濟情況好轉。受洗歸主以後的黃滋茂，也很熱心參與教會服事，後來有三位女兒成爲傳道人，木訥寡言的次男也成爲牧師，且當了牧師以後，講道時口若懸河、內容精彩，在新竹城市之光聖教會牧會，因爲會友信徒人數相當多，還買了一間戲院來當教會。

「我來是要叫人得生命，並且得的更豐盛，我是世界的光，跟從我的人，就不在黑暗裏走，必要得著生命的光。你們若常常遵守我的道，就真是我的門徒，你們必曉得真理，真理必叫你們得以自由。」

曾經擔任台中市第一屆民選市長的楊基先律師，也是當時差不多時間受洗的會友。他擔任市長時，協助中台神學院創校、台中聖教會時的用地，讓美國基督教會在台中設置東海大學的校地，是一位對基督信仰極爲親善的市長。

黃金田到台中聖教會擔任傳道不久，楊基先已結束市長任期，成爲經常出現在聖教會禮拜的慕道友。雖然曾經貴爲一市之長，但當時住在太平鄉的楊基先，卻是相當落魄，給自己取了一個相當有趣的外號，形容自己當時的遭遇「三不倒」。

爲什麼叫做三不倒呢？楊基先向黃金田解釋說，在市長卸任以後，因爲一件處理土地所造成的紛爭，遭民眾向法院提出訴訟，官司纏身了好一陣子，最後終告平安無事，此其第一不倒。而市長卸任以後，經濟情況每下愈況，幾乎成爲破產狀態，還好還能夠在太平鄉養豬爲生，此其第二不倒。最嚴重的，他被檢查出患了末期腸癌，前後經過六次的開刀，才在台大醫院從鬼門關前被救了回來，此其第三不倒。

楊基先自己回憶這段病魔纏身的日子，仍然心有餘悸，第一次被送進開刀房，醫生剖腹後，發現情況非常嚴重，癌細胞四處擴散，幾乎已經難以動刀，只得縫合。他的叔父，也是當時台灣政界赫赫有名的楊肇嘉，前往台大醫院探視時，也拜訪了台大醫院的院長高天成，台大醫院擬訂了六次開刀的手術醫療計畫，也就是先切除一部份，等體力恢復到比較健康時，再進行其他部位的腫瘤切除，這樣的外科治療方式，在當時可以說是相當少有。

楊基先的妻子傅綠桑，是一位虔誠的基督徒，與楊基先堂弟楊基詮的妻子劉秀華，在開刀時跪地禱告，病後的楊基先因此決定受洗。他受洗時感動得嚎啕大哭，讓黃金田留下了十分深刻的印象。受洗以後，楊基先也十分熱心的帶著黃金田去爲人禱告和傳揚信主的福音，包括曾經擔任過南投縣長的李國楨、台中澄清醫院的羅大松醫師。而李國楨和羅大松後來都受洗歸主，而羅大松醫師的醫師娘在台中縣大里市的長老教會受洗後，也很熱心的引人信主，很多人都因爲她的引領而信主，便是令人欣慰。

黃金田在回憶到楊基先的信仰生活時，還記得他最喜歡的聖經章節是羅馬書五章三節：

「不但如此，就是在患難中，也是歡歡喜喜的。因為知道患難生忍耐。忍耐生老練。老練生盼望。盼望不至於羞恥。因為所賜給我們的聖靈，將神的愛澆灌在我們心裡。」

楊基先在五九之齡去世，這位在市長任內熱心幫忙教會事務，對基督信仰相當親善最終終於蒙主檢選，成爲主內弟兄，度過了生命最後的五年時光。

李國楨的基督信仰，也是從他的妻子李吳美玉開

◀於台中聖教會主堂講道

始。李國楨因爲縣長任內的地政事務所案件之貪瀆官司遭到起訴，而被政府下令停止其檢驗局長的職務。

剛好來到台中聖教會的李吳美玉從黃金田的講道、馬太福音十一章二十八節的經文，得到了很大的安慰：「**凡勞苦擔重擔的人，可以到我這裡來，我就使你們得到安息。**」她後來回到家中時，向夫婿李國楨傾訴了在教會中聽講道時的心靈感受，她說，整個晚上黃金田牧師的講道，幾乎就是針對他們李家當時的境遇所講的，這種神奇而感動的過程，使她追求基督信仰的決心，更加堅定。

當時的李吳美玉一家人的生活經濟來源，靠的是在庭院中養了兩百隻的雞，李吳美玉自己也動手做自製、眾人稱讚的雞絲麵，到各學校的合作福利社來維持生活。凡事託付仰望神的她，經常爲了困厄的生活向神再三禱告，不但早晚、連在廚房做餐食時，也有時會跪下禱告，祈求神的憐憫與賜予。

一段期間以後，家裏突然來了一位稀見的貴客。希望聘任李國楨到中部一個公股居多的財團法人機構，擔任有給職的顧問。當時的顧問費是五千元。過沒幾個月，李吳美玉的婆婆，因病入院治療，每個月所需要的醫療費用，正好就是五千元。李吳美玉說，神的供應十分神奇，不但時間，甚至在金額上冥冥中自有安排與供應。所幸這筆每月五千元的醫療費用，在李家兄弟分擔以後，李國楨每月須要負擔的金額是二千五百元，尚餘二千五百元可留做家用。李吳美玉爲了神的憐憫會垂聽了她的禱告而感動不已。並且把這樣的屬於信仰的心路歷程，與她的夫婿分享。

黃金田在李國楨家中一起禱告，李爲自己的放聲痛哭，只說了相當簡單的一句話，就是：「只要天地之間的永生眞神，認識知道我李國楨的爲人就好。」對於貪瀆官司纏身的這位前縣長而言，這句話無疑是他的眞情告白，他對自己的清白十分堅持與充滿著自信，相信他所禱告的這位創造宇宙萬物的獨一眞神，絕不會遭到矇蔽，使他蒙受不白之冤，一定可以還他清白。

有一天在聖教會做完禮拜以後，李國楨在返家途中，遇見了熟人，正是令他捲入貪瀆官司漩渦的南投地政單位主管。對於這樣一個人，李國楨不但在心理上十分排斥，也帶有幾分厭惡，正準備裝作視而不見經過時，煞時聖經中那句「要愛你的仇敵」浮在腦海。因此就保持著平常心和這位過去部屬親切的打了一個招呼。這位過去屬下地政主管似乎有幾分意外，臉上流露出尷尬的神情，也許正爲自己在官司案件中，把直屬長官拖下水而感到愧疚。

這位主管只是再三對他強調，「長官，你一定會無罪的！」對於這位主管的說法，和自己心理因爲聖經的教導而做的轉變，李國楨覺得他自己多少從官司與對人的壓力和苦毒之中釋放出來，雖然官司還沒有明顯的轉機，但他做爲一名被告的心境，多少也感受到了比較喜樂的況味。

又過了沒多久，李國楨的家中，來了一位年輕人。這位年輕人在李國楨擔任縣長期間，獲得提拔進入縣府服務的，在縣府地政單位的檔案室裏工作，他很感謝縣長對他的提拔，於是也特別關注這件貪瀆官司的相關檔案。終於皇天不負苦心人，找到了一份塵封多年，可以證明縣長人格清白的檔案，他非常肯定的說，相信法院一定會做出無罪的判決。

果然，過沒有多久，法院的判決終於下來，還予李國楨清白。從官司遭起訴以後將近十年的冤屈，終於得以洗刷。官司無罪定讞以後，李國楨即接到政府復任公職的通知，回到了台灣省政府，復職爲省府參議。

拖了十年之久的官司得以平反，使李國楨的人生有了一個全新的開始。但沒有想到的是，另外一種磨難與考驗卻接踵而來，讓他經歷了更多的試煉。

李國楨身體卻在這時開始出現了異狀。起初，只是覺得體力和精神稍遜，後來體重卻逐漸的減輕、消瘦。

住院的李國楨，在面對黃金田探訪時十分尷尬的表示，不太願意爲身體禱告。原來是住院幾天來，他正爲大小便秘所苦。他認爲不宜把上廁所大便順暢與否這類「不衛生」的事情，拿出來向神來禱告。

但神是憐憫的神，也是照顧我們一切的神，爲能排便而禱告，並非不敬畏神，沒有避諱的必要。李吃下護士後來送來的藥丸，果然順暢的如廁。他一時感到十分暢爽，竟然大聲在廁所裏用日語歡呼大喊「萬歲」。妻子李吳美玉卻告誡李國楨說，便秘得到醫治，應該感謝神，感謝祂垂聽了禱告，並且進行了醫治的大能，不感謝神，反而大喊「萬歲」，幾乎是藐視神的醫治大能，是對神的不敬。

到了台大醫院以後，經檢查是攝護腺肥大，便秘的問題再度出現，巧合的是，治療便秘的藥丸，與台中醫院的藥丸完全相同，但劑量卻增加了一倍，由兩顆增加到四顆。

服下了四顆腹瀉藥丸後，李國楨苦等一夜，卻絲毫沒有改善。他才痛苦的想起自己在台中醫院獲得上帝的醫治時，竟然顧自的用日語大喊「萬歲」而遭到妻子規勸與告誡的經過。

解決了便秘的問題以後，也完成攝護腺腫大的外科手術。痊癒後的李國楨，認爲是上帝進行了醫治，便懷著感恩的心懷決定了受洗的日子，選在自己的生日，正式受洗成爲一名基督徒。

李國楨在省府參議任內退休以後，熱心於教會的服事，不但擔任過台中聖教會的執事，也參與了教

▲1999年，黃金田牧師盡程退休，韓國中央聖教會主牧李萬信牧師及同工前來慶祝

會團契的服事。七十八歲那一年，因胰臟癌臥床。他對黃金田說出了他人生最後的一句話：「上帝無給我見笑。」

是天父上帝這位公義的眞神，在他人生最爲痛苦冤屈的歲月當中，安慰了他的心靈，拯救了他，使他無愧於祖先，更無愧於後世的子孫。懷著如此感恩的心境，離開了這個世界、榮歸天家。

神奇妙而美好的計畫

黃金田牧師說，正如聖經中「傳道書」的作者所羅門王所說的，萬事萬物、各有其時。而對於每一個人，上帝有祂的時間表，有祂美好的計劃。他歸納楊基先與李國楨的信仰追求過程，都有一些共同的特點，就是都有一個信心相當堅定的妻子，用無比的耐心成爲丈夫追求信仰的支持者與推動者，讓他們在人生的起落浮沈之中，沒有迷失方向，終於能成爲神國的子民，成爲上帝的兒女。

黃金田回憶起在台中聖教會擔任牧師的數十年生涯中，在上帝所預訂的時間表中，最爲漫長，但是也最爲奇妙的，應當就是林垂芳資深慕道友成爲基督徒的過程。

林垂芳在九十三歲時才受洗成爲基督徒，而後又度過了六年的生命歷程，而他在受洗成爲基督徒之前將近七十年間，他的妻子出身於基督徒世家，是一位信仰堅定的神國女子。

第一任台中市長楊基先的堂嫂，台灣日治時期最年輕的郡守(郡長)楊基詮的妻子楊劉秀華，便是林垂芳妻子林劉秀霞的妹妹。

兩位姊妹的祖父劉光求，就是馬雅各醫師在台南府城第一批受洗的七人之一，後來家族成員五十餘人都受洗歸主，並且在社會上均有相當傑出耀眼的成就，成爲基督信仰的美好見證。

嫁給林垂芳的林劉秀霞，在一九三〇年代與林垂芳的婚禮，是轟動台灣的一件大事。因爲前往林垂芳出生於台灣相當負有盛名的林獻堂氏家族，林垂芳的父親林烈堂，即是林獻堂的胞弟，而林獻堂的伯父林文察，在清朝時代，即已位居高官。是台灣相當顯赫的家族。林垂芳與劉秀霞的婚姻，在當時一般社會的觀點，可謂門當戶對，林垂芳留學日本早稻田大學，劉秀霞亦留學日本女子大學，男方是全國知名的中部望族世家子嗣，女方則是南部名門閨秀，連婚禮迎娶的過程，在當時堪稱空前，迎娶的家族人數甚眾，包下整列鐵道列車迎娶。

黃金田說，劉秀霞對中台神學院的創設，相當熱心參與，後來成立台中聖教會，乃至數十年後他在台中聖教會退休後，又開拓光輝聖教會的過程中，也皆十分熱心的支持與贊助。她曾在彰化奉獻了竹塘長老教會的用地。她是當時唯一坐乘人力手拉二輪車的女信徒，二輪車車夫，都是受僱於她家中所專用。

當時台中聖教會的主任牧師王錦源牧師，長子王守仁牧師，在楊劉秀華的介紹與鼓勵，成爲林劉秀霞的女婿，王守仁與他的父親王錦源都是具有相當優異的傳道與講道恩賜的傳道人，青出於藍的王守仁，後來是美國艾斯伯瑞神學院教授。

黃金田第一次探訪林垂芳，也是他絕無僅有的人生經驗。當他進入林家的大宅院時，裏面有一群人圍著，靠近過去，才發現人們正圍觀著鬥雞，腳上掛著銳利刀鋒的鬥雞，正你死我活的拼鬥。林家大宅院裏面，還養了不少發出美妙啼音的金絲雀。最令人感到神奇的是，林垂芳似乎能與金絲雀互相對話。惟獨自己的女婿在台中聖教會講道時，林垂芳才會陪著妻子出現在台中聖教會。

林垂芳的個性十分隨和、與世無爭，把可觀的家產和家計交給妻子全權處理，過著怡然自得的悠哉生活。因爲女婿是具有哲學博士耀人學位的牧師，所以教會的同工或會友，也有人尊稱他們爲「牧師公」、「牧師媽」。不過林垂芳仍對基督信仰保持一定的距離，妻子也不免感到幾分心急與焦慮。

鼓勵或催促林垂芳早日受洗，林垂芳總是連連不斷搖手，還說出「不要逼我」。但身爲一位牧師，黃金田還是半強迫地帶著他一起禱告。

在禱告中，黃金田向耶穌基督如此告白：「主啊！求你赦免，我雖然是一位牧師，但卻沒有能力來引領林垂芳這位多年好友的長輩來受洗，就求主耶穌基督自己來帶領吧！」

聽到了這樣的禱告詞，黃金田看到林垂芳瞪大雙眼，露出十分驚訝的表情。當時林垂芳和林劉秀霞夫婦皆九十三歲高齡，禱告過後不久，林劉秀霞某天晚上，因心肌梗塞而送往醫院急救，被宣告不治，頂多只能靠著呼吸器維生。正當全家都做好心理準備時，第二天的早晨，林劉秀霞卻又突然醒轉過來。

「奇蹟！」林垂芳以十分激動的表情和語氣、用日語拍手大叫。

黃金田說，那是他第一次看見林垂芳如此興奮。在不斷驚呼奇蹟之餘，林垂芳終於做了他自己的重大決定，在家人和牧師面前宣告說，由於這件神蹟，他決定受洗成爲基督徒。

第二天正好就是聖靈降臨節，也就是所謂的五旬節，林垂芳終於受洗歸主。此時，距他與信仰堅定妻子結褵已七十年之久。

林垂芳受洗後，和妻子同樣成爲基督徒，倆人又共同生活了五年。林劉秀霞在九十八歲那年去世，而第二年，林垂芳以九十九歲的高齡去世。

在人生最後的階段，兩人處理一塊土地資產時，捐助一筆相當可觀的款項，幫助黃金田牧師在台中聖教會退休後，又再開拓的光輝聖教會購置土地。

光輝聖教會最早是在西屯區朝富路聚會，後再遷至上石北二巷，以後又遷到黎明路旁，黎明路一帶辦理土地重劃必須拆除地上建物時，才又改在大墩十八街聚會，最後終於在民權路中港路口現址，以銀行貸款方式購置現有建物獻堂。也因爲林家這二位夫婦的奉獻，使光輝聖教會減少銀行貸借。

上帝是一位奇妙的神，對每一個人的人生，都有十分奇妙的安排。

劉謝清雲女士，在她追求信仰的過程，受到家人

◀黃金田牧師為不少新人主持證婚

和長輩反對，仍堅心追求主道，終於還是克服困難， 一如使徒行傳十六章第二十五節：保羅與西拉同工，兩人雖然囚在獄中遭到毆打、身上掛著囚犯的鎖鍊，在惡劣的環境中，二人仍在獄中歌頌神恩，以詩歌來讚美神，未料卻因此震動大地和牢房，不但牢門因此大開，連身上的鎖鍊都奇異的分開了。發現此一奇事的禁卒，一方面驚訝無比，一面則拔刀準備自殺，因爲根據當時的法律，犯人如果脫逃，獄卒必須償命抵罪。但禁卒的自殺遭到了保羅的勸阻，禁卒這才發現，牢房大門雖然已經因大地震而震開了，但裏面的囚犯並未脫逃，禁卒爲此在驚訝和感激囚犯未脫逃之餘，就問了保羅，他當如何感謝他們的不逃之「恩」？

保羅和西拉對禁卒說的話，記載在使徒行傳第十六章第三十一節：「**當信主耶穌，你和你一家都必得救。**」

劉謝清雲一人堅持信主，終使一家人都得到了救贖。根據她的見證分享，她在中台神學院時，遇到了當時還在台灣大學電機系就讀的王守仁，令他感到好奇的是，就讀科學的人，眞的會相信聖經裏關於主母瑪利亞聖靈成孕，而耶穌基督又在死後三天復活的這一類非理性，又違反科學原則的記載。

這位後來成爲哲學博士的傑出牧師，給了她相當深刻，對信仰更爲堅固的回答，使她很快地就受洗成爲基督徒。由於長媳身份，她的信主遭到公公非常強烈的反對，。婆婆更是一位熱心拜佛的傳統民間信仰者，於是劉謝清雲連到台中聖教會來聚會，都必須瞞著家人。

一般人到教會來都會穿皮鞋，而她只能穿著拖鞋，裝著要到菜市場去買菜，偷偷地來教會。她的丈夫劉泰山高度相信地理風水，公公甚至以要兒子跟她離婚，來威脅她不能上教會信耶穌。

但這些不利的環境因素，都沒有使劉謝清雲改變信仰。首先她影響了她的婆婆，婆婆因此到聖教會北側的天主教堂聚會，雖然沒有受洗，但已開始接受來自基督和上帝的信仰，而年紀逐漸老邁的公公，也因臥病在床，而請了教堂的神父來施洗。

在公公成爲基督徒後近一、二個月，就因病不治去世，因此也遵照基督徒的儀式舉辦了追思禮拜。

有一次禮拜，黃金田看到劉太太罕見地留在教會，憂容滿面的擦著眼淚。一問之下，才知道她丈夫仍因地理風水，要改變工廠的大門方位。但黃金田致電鼓勵劉先生時，他竟然乾脆的接受耶穌基督爲救主，當是夫婦感情一向非常融洽有關。

這對夫婦結婚二十五週年紀念時，還特別奉獻教會購買鋼琴，後來更奉獻了可觀的款項供給教會做爲照顧老人的基金。劉家的三位女兒，後來也相繼受洗，長男赴美國研修後，取得了珠寶鑑定師的執照，經營了一家業績鼎盛的珠寶行。長女，與基督徒大學團契認識的夫婿林華山，持續貢獻福音事工。

由「愛恩使者協會」出版的《福音天軍降寶島－台灣鄉村宣道傳奇》一書指出，林華山和妻子劉碧珠投入台灣鄉村地區的宣教。他們在醫學工作時間之餘，積極參與美國各地教會的福音事工。他們非常勤奮地在美國各地的一百多間教會勸募經費，資助台灣地區的各鄉村教會，使這些鄉村教會得以茁壯成長。

林華山曾引述了一項資料，在一九九九年這一年，台灣的宗教廟宇與個人的民俗信仰者，就燒掉了二十萬公噸的紙錢，這二十萬公噸的紙錢的價值爲台幣一百億元，也對於生態環境造成破壞與污染。最荒謬的是，有一年的春節期間，台灣中部地區一座超大型的廟宇，因爲前來拜拜的民眾多到不可計數，紙錢無法全數在廟內焚燒，只得委由卡車司機一車一車的載到山谷挖了坑洞燃燒，未料卡車後車斗卻因載了過多的紙錢，在傾倒時失去了平衡，整部卡車與司機竟翻落焚燒紙錢的坑洞中，連司機都慘遭燒死。

林華山在鄉村地區的宣教工作，經常也是以廟口爲傳播福音的重點。一方面以健康講座和免費義診，來鼓勵基層民眾參與，趁此推薦基督救恩的福音。後來定居美國洛杉磯的林華山，經常利用暑假回台灣鄉村地區宣教，而這十多年來，台福教會在台灣地區的開拓工作，也相當可觀，當時全台已有五十間台福教會，預定在五年內能夠達成全台一百間教會的目標。

黃金田說，台福教會和台灣聖教會的淵源很深，因爲愛恩台福教會的創辦人劉富理的岳父，即是台中聖教會第一任的主任牧師王錦源。王錦源牧師在台灣的教會退休後，即常住美國洛杉磯的愛恩台福教會講道，而其長公子王守仁取得哲學博士後，也是愛恩台福教會和台灣各地台福會以及台中聖教會經常邀請上台的名講員，全台各地台福會的牧師，很多都是中台神學院取得學位的傳道人。

黃金田相當感動的指出，林華山傳播福音的熱心程度，實在非一般人之所能及。而他的妻子劉碧珠，不但參與宣教工作，更以「友尼基」之名，將參與活動的過程，以及她個人心靈的感受點點滴滴都記錄了下來，成爲愛恩台福教會出版的「福音天

▲黃金田牧師於東海大學講道

軍降台灣」這本書主要的撰稿寫手之一。印證了羅馬書第十章第十五節中：「**報福音傳喜信的人，他們的腳蹤何等佳美。**」這段話的價值。

從道士、乩童之家到基督信仰

陳振榮、陳美月父女兩人的生命經驗，又與一般人大為不同。

陳振榮在二戰後期，曾從奉派前往南京農業指導，戰爭結束，便以國民政府接收委員的身份返回台灣，接收日本人在台灣遺留下的資產，再交由來台的中國政府管理，本身也從事道士工作。台中聖教會那時正好邀請來自日本聖教會的大森三郎牧師講道，聽到這個消息的陳振榮非常反感，日本在二次世界大戰中戰敗，又是中華民國的敵國，他主觀的認為，大森三郎講不出什麼好道理。

準備到教會鬧場的陳振榮，卻沒這麼做。大森牧師一上台，就日本對中國和台灣的軍國主義侵略行爲，首先向台下聽眾行三鞠躬禮表示道歉，也對當時中華民國總統蔣介石，在日本侵略中國最後敗戰時的恩德表示萬分感激。

陳振榮對講道內容，其實所獲相當有限，反倒是講道前大森牧師的謙卑和感恩，留下了非常良好的印象。

陳振榮一向酷嗜杯中物，酗酒、脾氣相當暴躁，所以家中四個兒子和三個女兒，都和他保持距離，大女兒美月即使更早接觸了福音，卻未告訴父親，沒有想像到，陳振榮反而以異類的方式，開始認識了福音。聽過了大森講道，他還自行前往天主堂，還到浸信會去瞭解眞理，最後決定選擇在台中聖教會聚會與受洗。

大森三郎牧師到台中聖教會的期間，每天清晨主持「早天祈禱會」，自此也就建立了台中聖教會長達近三十年之久的早禱傳統，而陳振榮夫婦後來也成爲早禱會的成員之一。信主以後的陳振榮，戒除了酗酒的惡習，脾氣也大有改善，自然與七個兒女改善了親子關係，並且很熱心的參與教會的福音佈道的服事工作，後來還擔任台中聖教會的執事多年。而他原來從事的道士工作，曾有不少符法的「範本」，就在受洗時，交由教會牧師焚燬。

至於他的女兒陳美月，與美國軍人結婚，在美期間，曾遭歹徒強行上車準備圖謀不軌，她緊張地暗自向上帝禱告，上帝使她靈光一閃，在經過路口時闖越紅燈，而被交通警察攔截，車上的歹徒卻因此落荒而逃，她因此懷著感恩的心回來台灣受洗，希望上帝將來繼續照顧她的女兒。

陳振榮的兒子陳重政說，不只他父親是道士，他的祖父陳子也是一位在地方上鼎鼎有名的「大道士」。祖父陳子經常外出作法，一定穿上顏色彩麗而寬大的道士服，戴著相當顯眼的道士帽。陳重政小時候，經常穿上這罕見而耀眼的道士服，經常向祖父發問，想知道靈界問題。

在日治時代的戶籍資料裏面，祖父陳子、父親陳振榮的職業欄用黑毛筆寫下道士兩個字。

這樣的道士家庭轉變爲基督教的家庭，陳重政認爲上帝的帶領非常奇妙，他在台南讀小學時，每天上下學都會經過附近教會，一面相當長的大壁畫上，畫著一群人分成兩排在前進，一列向著窄門前進，一列則向著一個寬大的門前進，而通過窄門的，都進了美麗幸福的天國，而走進寬闊的大門的，則下到地獄裏，求告無門地在煉獄裏面受到刑罰。啓發了他開始思考窄門與天國究竟是什麼意思。

因爲從小思索神鬼、靈界，陳重政覺得，祖父和父親擔任道士，反而是爲他們第三代信主做準備。不過父親在信基督以後，對自己過去曾經擔任道士相當忌諱，認爲是很不光彩的一件事，經常避而不談，甚至把他日治時代，職業欄寫有道士的部份撕毀掉。

陳重政的兒子陳信成後來成爲衛理公會的牧師。陳重政的妻子張彩鳳在結婚後，連生了三個女兒，後來因流產、生病，健康狀況極不好時又懷孕，醫師很清楚的表示，必須要將胎中的小孩拿掉，身體健康才可能恢復。

張彩鳳聽了醫師的說法，十分的痛苦，她仍然不願將胎中的幼兒拿掉，並且下了一個很大的決心，決定不再吃藥，而將這一切交在上帝的手中。

張彩鳳保住了腹中的男兒，由黃金田牧師爲神所賜給他們夫婦的第一個兒子取名，黃金田根據新約聖經第四章關於信心的經文二十一節：「且滿心相信，神所應許的必能作成。」將這名兒子取名為陳信成。

陳信成後來擔任長庚醫院營養師，聽聞母親懷孕經過，多方思考後，決定進入中華神學院研究神學，在基督教衛理公會鶯歌佈道所擔任牧師。陳重政夫婦感到十分欣慰，為鼓勵兒子走上神國道路的陳重政夫婦，也因此雙雙遷居至北部，親身投入協助教會的開拓。

信成在成為傳道人以後，曾引領一位年長者受洗歸主，在沒多久以後，這位年老者去世，而其尚未歸主的家屬，仍然以民間信仰的方式，想辦法用觀落陰的方式，希望和這位已去世的長者「溝通」。未料在觀落陰的過程中，卻得到了「在陰間遍尋此人不著」的消息，這樣的過程，也印證了接受耶穌基督為救主的人，在去世以後，將被提往天國這個安息處所。陳信成牧師將這一件帶有幾分神奇色彩的過程，轉述給外祖母張玉雪聽時，顯然對已經相當年邁的張玉雪產生了相當大的果效，於是就接受耶穌基督為救主。陳信成的母親對此也懷著十分感恩的心情認為，若非兒子成為一名牧師，母親是相當困難接受福音而獲得救恩的，這也是令他們夫婦都相當感動的恩典。

陳振榮後來引領黃文進入教會。黃文其實只是因工作需要，約陳振榮見面，正好是禮拜天，就約在台中聖教會，未料黃文因此聽見黃金田牧師的講道，**「凡勞苦擔重擔的，就到我這裏來，我必使你們得到安息……」**。黃文心裏有相當大的感動，決定成為基督徒。

後來需要動心臟手術的黃文，在家人的支持與同意，將自己在台中市南屯區黎明路經營的腳踏車工廠用地，在律師事務所立下遺囑，捐贈予台中聖教會所成立的福音傳播機構做爲教會用地。因爲這筆土地屬於黃文的「光輝工業有限公司」所有，所以後來在此成立了光輝聖教會，因而也爲責任之所在。黃金田牧師在台中聖教會退休後，就繼續擔任「光輝聖教會」開拓工作，而台中聖教會也因此授予他「榮譽牧師」的頭銜，繼續在「光輝聖教會」牧會。

值到二〇一一年土地重劃後，「光輝聖教會」搬遷至民權路三四八號購買一、二樓及地下室。因林劉秀霞和林垂芳夫婦的巨額奉獻及會友奉獻，繼續做爲信徒會友聚會的禮拜堂。而原來在黎明路旁的土地，則等重劃以後，將來再成立台中聖教會所屬的福音傳播機構。

「詩篇」四十章第二節：「**他從禍坑裏、從污泥中，把我拉上來，使我的腳立在磐石上，使我腳步穩當。**」黃金田以此爲會友李進財蒙恩得救的總結。

「總共有四次之多，我幾乎都應該沒命了，但還是活了過來，上帝留我活到今天，眞的是一項偉大的神蹟。」李進財說。

他的父親李德金在一家廟裏面當乩童。當有人感到痛苦或疾病、疑惑時，會來廟裏面問神明，李進財的父親「起乩」以後，也就是神明的靈附身時，代理神明回答信眾的問題，指點迷津。李進財的父親在神明的靈附身後，幫一名信徒找回了走失的羊，也曾治好信徒的疾病，而他的祖父，能夠用紙畫下符咒，讓符咒去完成神明的靈所要完成的目標與工作，有時甚至為某些信徒向敵對的某人施咒，造成被咒者產生災厄。李進財認為，因為他祖父做的事，引來敵對者以施咒符做為報復，以致他姊妹精神問題，直到今天還沒有完全恢復，眞的是冤冤相報無了時。

他父親在五十多年前一天突然去世，家人把屍體放在廳堂地上的草蓆，因為家中沒有錢買棺材，便由當時還在擔任美濃鎮長的姨丈陳榮昌買了一口棺材送到家，第三天準備將父親遺體放入棺木時，他的父親卻突然又醒了過來。

李德金說是閻羅王抓錯了人，家人本來半信半疑。沒想到過沒幾天，同村莊一位叫「德金」的老者過世，好像多少也印證了李德金的說法。最後父親五十歲時才因胃大量出血去世。但李進財的哥哥、大姊，各在十二、三歲就相繼去世，在信耶穌以後，他認為家人都是因為邪靈作祟而死去的。

李進財則是六歲游泳，沉入溪中差點沒命，幸而被人救起。又過了一、兩年，八七水災的時候，再度被洪水沖走，幾乎也是在快要被淹死時，又被一位林姓長者救了起來。第三次面臨的死亡危機，更是十分嚴重，他當時捲入黑道的武力衝突之中，身中對手十七刀，對手認為他沒命了，就把他「棄屍」到荒郊野外的大度山上，後來好不容易才被送到加護病房急救，整整過了三天以後，才又被搶救回來。

李進財在生死線上掙扎的時候，他的岳母宋阿春女士為他禱告。他的岳母告訴他，她在向耶穌禱告時，因心中非常痛苦，就在禱告中哭了起來，哭求上帝救女婿的命。

一天，李進財在家裏和太太一起看電視時，突然看到了孫大程博士的佈道大會，受了很大的感動，就打了電話給他的岳母，表示要到教會去聽牧師講道。

李進財回憶，他在信主前還出了一次大車禍，後頸部動了外科手術，總共縫了七針。能夠前後四次大難不死，他認爲沒有別的，就是神的恩典。他在二〇一一年和聖教會三位會友，在台中市公館路創立了「新盼望教會」，並按立爲長老，年輕時混幫派的他，如今更懂得如何輔導中輟生、協助他們重新找回自我。

李進財剛開始讀聖經時非常痛苦，因爲裏面有很多字他都不認識，每次上查經班時，他都躲在最後面，黃金田牧師硬是把他拉到身邊來，陪著他一句一句的讀，他至今聖經已經讀得很熟，常常引用經文勸勉人的話，非常感謝黃金田當時透過聖經神話語所給他的指導。

哥林多後書五章十七節的經文：「**若有人在基督裏，他就是新造的人，舊事已過，都變成新的了。**」李進財深刻地體會到，他自己的人生，可以用這節經文來描述。他現身說法，鼓勵觀護所的少年犯和後來的重刑犯，能夠受洗歸主重新開始新的人生。少年犯約有將近百分之二十的人受洗信主重生。他輔導受洗的五名死刑犯當中，有一名毒販改判無期徒刑。另外三名已經槍決的死刑犯在受洗以後，都把遺體捐給醫院，把遺體捐給醫院的死刑犯，家屬可以拿到約四十萬元的款項，而這些款項捐給了更生團契做爲犯人輔導和送聖經給受刑人。

一名叫做阿德的死刑犯，在受洗重生以後，相信自己的靈魂一定會得救，在夜間九時要執行槍決時，還向在路徑旁列隊向他致意的獄政人員一一握手，並且說「要來信耶穌」。獄政人員向李進財表示，在即將執行槍決的犯人中，很少有人能夠保持這種積極向上的態度去面對死亡。

舊約「約伯記」二十二章二十一節的經文：「**你要認識神，就得平安。福氣也必臨到你。**」

吳富祥會友夫婦二人，原來都是一貫道的道親。吳富祥出生在台南縣東山鄉一個傳統民俗信仰的家庭，所以從小拜各式各樣的所謂「神明」，也相信各種風水、地理、命相學的迷信之事。

他反省思考的開始，是父親和叔叔爲他的祖母撿金（撿骨）修繕墳墓的那一天，擇定了所謂的良時吉日，並聽風水仙的話，要吳富祥的屬虎的堂弟刻意迴避，但他卻在台北工地貼磁磚時，突然墜樓而死亡。風水師所說的沖煞，只要不在現場就會平安的說法，顯然是無法相信的，徒然只是一種毫無理性根據的迷信而已。

另外，吳富祥在退伍以後，請教命理大師才去做的工作、生意不穩定或失敗，一位命理師居然說他和父母無緣，所以要住得離父母愈遠才愈會有成功的機會。可是父母住在台南的吳富祥，工作一直都在離台南最遠的台北工作和做事業，眞是令他啼笑皆非。

第一天經營超市生意，他的父親和叔叔請來神明爲開幕祝賀，他就被人詐騙了十多萬元，這又使他開始思考他父親那一輩的神明偶像崇拜的民俗信仰，對他完全沒有祝福，就好像他堂弟死在祖母撿金修墳那一天，簡直就是一場災禍。

第二年，吳富祥在台中的YMCA學習日語，日語老師是一位基督徒，鼓勵他認識基督教裏面這一位獨一的眞神，就會有眞正的平安，也會得到神所賜的福氣。

後來受洗成爲基督徒，吳富祥讀到詩篇第一百一十五篇第三節時，突然有很大的啓示與感動：「**然而我們的神在天上，都隨自己的意旨行事。他們的偶像，是金的銀的，是人手所造的。有口卻不能言。有眼卻不能看。有耳卻不能聽。有鼻卻不能聞。有手卻不能摸。有腳卻不能走。有喉嚨卻不能出聲。造他的要和他一樣。凡靠他的也要如此。**」他覺得是對民俗信仰偶像崇拜痛下針砭的好經文。

吳富祥後來寫了不少分析民俗信仰和偶像崇拜迷信問題的文章，先後有兩大冊結集出版，他就用這兩冊文集來分析傳統信仰的迷信因素，改變了一些民俗信仰者改信基督爲救主。

吳富祥說，台灣人的民俗信仰和偶像崇拜，最要不得就是燒冥紙，這是一種非理性的迷信行爲，把眞正的鈔票拿來換假錢，又把假錢大量的燃燒，全台灣一年要燒到一千億元新台幣的冥紙，不但破壞生態環境，也製造了空氣污染。而且，有些人在抬棺抗議時，會向被抗議的對象撒紙錢，是一種相當嚴重的咒詛行爲，而把這種紙錢燒給自己的祖先，這不是一種非常迷信的愚蠢的行爲嗎？

改信耶穌基督以後的吳富祥夫婦，非常熱心於傳福音，還在台中聖教會擔任執事，他的超市也蒙神的祝福，生意相當興隆。

熱心帶小組團契和傳福音的吳富祥，經常都覺得時間不夠用，因此在二〇〇七年寫了一篇「時間偶思」的文章，述說光陰似箭、歲月如梭，經常忙得不可開交的感嘆。而在二〇〇九年間，台中聖教會來了一位海格牧師，爲他禱告時卻向他預言：「感謝，你總是感謝，當你給我的時候是更多的給我。很多人忙，很多人做他們自己時間的主人。但是你呢，不一樣，你給我你的時間，有一天我還會向你要求更多的時間，但是我答應你，無論你給我什麼，不會沒有報答的，不會的，永遠不會，主這樣說。」吳富祥聽了以後，眼淚當場流下來，他認爲這是耶穌基督自己向他說話安慰他，他認爲，耶穌是一位又活又眞的神，才會透過海格牧師來向他說這些預言，他自己也將這篇預言的文稿和「時間偶思」放在一起，爲主耶穌做見證。

▲黃金田牧師於小組聚會講道

凡有氣息的，都要讚美耶和華

詩篇第一五〇篇的最後一節：「**凡有氣息的，都要讚美耶和華。你們要讚美耶和華。**」

表情生硬、肢體活動不太靈活的楊長鋟，幾乎每天大部份的時間，都是坐在家中內側的大客廳觀看電視螢幕，他的眼神雖然不算呆滯，但卻在缺乏表情、削瘦的臉上顯得有點僵直。

十多年來費盡心神照顧弟弟長錂的楊長華，道出了弟弟處境，因爲吸食毒品已傷害了腦部的中樞神經，因此思考力以及行動力都受到了很大的限制。唯一令人安慰的是，在楊長錂目前相當有限的生命力當中，他仍然知道唯有耶穌基督是他生命中唯一的救主。爲了吸毒，楊長錂付出了極大的代價，幾乎與妻子離異，也未能與妻子共同過幸福的婚姻生活，只能與老母親共同生活。他的母親劉春娥說，長錂是家中五個孩子中最小的么兒，從小備受父母和家人的寵愛，因此養成嬌生慣養的驕縱性格，再加上得到父兄的庇蔭，獲得經營電子業卓有成就的二哥長基資金挹注，可謂少年得志，擁有一家四部卡車貨運行和四架挖土機的公司，當時長得風流倜儻又年少多金的楊長錂，受到貨運行行主和司機的引誘，開始吸食毒品海洛因。

經常帶領楊長錂到台中聖教會的袁慧瑜，和楊長華是當年省立台中商專的同班同學，在學生時代就是楊家的常客。她回憶說，她獲悉長錂竟然染上了吸毒的惡習，而成了行動、甚至言語都不方便，須要母親和姐姐來照顧的畸零人時，幾乎無法置信。已經受洗成爲基督徒的袁慧瑜，於是開始引領楊長錂到台中聖教會，接受黃金田的牧養，在黃金田牧師的關心和照護之下，楊長錂終於不但慢慢徹底戒除了吸毒的惡習，也眞正開始認識到救主耶穌，使他有了新的生命。不但已經發黑的手部皮膚膚色恢復正常，已經枯黃的面容，也漸漸有了血色的潤澤，顯得漸有光采，眼睛也變得炯炯有神。

在引領長錢的過程中，袁慧瑜的生命也正陷入低谷，因爲婚姻生活中的糾葛與煩憂，她正考慮是否要離婚，但她進一步地了解人生充滿了各種苦難，由於對長錢所付出的關愛，終而使她成爲一個更堅強，沒有選擇離婚這條路，繼續維持了完整的家庭生活。

在台中市南屯區一條二十米寬的永春東路的路旁，有一棟外觀相當亮眼的建築物前，經過時，人們駐足好奇的觀看門面上的金色字句：「**願耶和華賜福給你，保護你。願耶和華使他的臉光照你，賜福給你。願耶和華向你仰臉，賜你平安。**」

聖經舊約「創世紀」，這是耶和華上帝要摩西弟弟亞倫大祭司，用來祝福當時以色列人的三句話。

面貌清秀、身材纖細的李易蓉說，她眞的就是活在耶和華上帝的光照之中，是一個非常蒙福的人。所以選擇將這段經文，列在公司建物大門口，也是對進出的客戶，經過的人的一種祝福，更希望讀過這段經文的人，能得到上帝的揀選，成爲蒙福的基督徒。

李易蓉的先生郭俊隆原來是國中學長，李易蓉後來是西餐廳裏，相當引人注目的鋼琴師，有不少的仰慕者和追求者，她的先生也是其中之一。經常從台中騎著機車到彰化聽她彈琴，也向她示意要追求她，但她並沒有接受，只是冷漠以對。婚後她的先生曾抱怨說，在她的冷面孔後，從彰化騎回台中的路上，覺得大肚溪橋眞的是非常非常的漫長而遙遠。

李易蓉經歷了人生當中，一次難以忘懷的感情波折、心靈創傷，心情相當沮喪的時候，心裏浮起了一個意念，如果能再看見郭俊隆，不知有多好？上帝察覺了她的心思意念，才過沒幾天，恍如在夢境之中，她在自己家中的大廳沙發上，看到了屋外，眞的出現了那一張她所思念的面孔。

忙於生產技術的郭俊隆，婚後完全把家庭和公司的管理權交給了李易蓉。而他們公司生意，在短短幾年內有了相當驚人的成長。從當時在郊區交通不便的小工廠，一直成長到台中市熱鬧市區中，佔地寬敞的公司辦公大樓和住家。台北五股和中國大陸，公司都設有工廠，產量相當大。公司的客戶也不斷成長，經濟不景氣的時候，公司的生意反而更好，李易蓉說，他們生產的漆料，是用在自行車上，都是知名大廠在使用。汽油漲價、自行車銷路增加，漆料銷售量也大幅成長。

最難得的是，她的雙親、婆婆，離了婚的妹妹，和她的三個小孩，也都住在一起共同生活。妹妹李淑芳是她在公司裏最得力的助手，而膝下猶虛的李易蓉與先生，也將妹妹的兩個雙胞胎兒子和女兒，視如己出。

家人都信基督教，李淑芳年輕時卻選擇了佛教，對佛理有相當深入的研究，但婚姻的挫折，使她隻身回到了娘家，和篤信基督的姊妹生活在一起，也很無奈和父母、姊妹一起到台中聖教會做禮拜。雖然如此，仍對基督教有相當大的質疑。

聖教會的黃志恒主任牧師安排了一系列由吳富祥執事的「比較宗教」的課程。她帶著高度質疑的心理前往參加。李淑芳說在上課前，唱了「有一位神」的詩歌，彷彿把她從某種迷惑中引了出來，讓她心靈中覺得：「是啊，是有一位神啊！」上課時，過去是一貫道講師的吳富祥執事點醒她說：「佛是一個人，是一個覺者，不是神。」李淑芳因此如大夢初醒，放棄了原來的佛教信仰，開始了耶穌基督眞理的追求，邁上了追求宇宙間唯一眞神的不歸路。

和丈夫離異以後的李淑芳，心裏惦記還是居住在婆家的三個小孩，由於前夫生意忙碌、常不在家。她每日回前夫家幫助公婆打理三餐和家務，晚上時也都陪小孩做功課。不過，前夫的父母知道她改變信仰以後，多次提醒她，不得將小孩子帶去教會受洗。怕孫子受洗以後，家中將來沒有人延續香火。

但她自己知道，兒子和女兒的靈魂是否得救，是非常重要的一件事。因此暗中下定決心，給予孩子聖經的教導和啓發。於是會友們爲她代禱，她自己也向上帝禱告，希望把小孩帶回娘家接受基督信仰的計劃能夠順利進行。

李淑芳在孩子漸漸長大以後，就在他們自願自發的情況下，讓他們受洗成爲基督徒。她就把這樣的轉變告訴公婆，後來在病床中臥病的公公，因爲疼愛孫子，希望將來能在天國繼續成爲一家人，就受洗成爲基督徒。而她的婆婆爲了搶回自己的孫子，經常包計程車到台中聖教會找孫子，如今年事已高，又有失智症現象，靈魂的得救更是困難。

黃金田牧師因此引述了聖經中箴言十四章二十六節的經文：「**敬畏耶和華的，大有倚靠，他的兒女，也有避難所。**」

李易蓉、李淑芳兩位姊妹，美好的信仰人生，來自於她們雙親早年的基督信仰。會友宋朝欽先認識了李家姊妹的五叔李錦東，並且向他傳揚了福音，李錦東的哥哥李水吉和弟弟李古意也都一起到教會來聽道，並且受洗成爲基督徒。

李金妹是李水吉的大女兒。她回憶說，爸爸開始信主以後，非常認眞讀聖經。她們一家人經營海鮮餐廳，生意非常好，也非常忙，但爸爸還是在工作檯的上方放著一本聖經，只要一有空，就和她們一起讀聖經。

李金姝，嫁給了祖父曾經在松竹路開設佛寺「大山寺」的丈夫陳壽彬。她到了夫家以後就向公婆傳揚福音，婆婆在七十二歲那一年受洗，一直到七十五歲才去世。婆婆在世時，家中有一位叫做「阿美姨」的幫傭婦人，這位阿美姨和婆婆私交非常好。婆婆去世那天中午，阿美姨匆忙趕到家中來告訴她，她在家中午睡，婆婆跑來告訴她，她已經要去天國，希望阿美姨也能信耶穌。

曾經擔任乩童的阿美姨，好像具靈界特殊體質。她說走到她們家門口時，看到六個穿白衣有翅膀的人，把金姝的婆婆洪素琴接走。因爲婆婆也同樣在去世後，向公公陳明中托夢傳揚福音，公公也因此決心接受耶穌基督。李金姝更寬慰的是，她的兒子陳鼎偉，畢業於中台神學院，已經成爲一位傳道人。

李水吉三兄弟，同時在一九七〇年受洗以後，其中最小的弟弟李古意，後來成爲了一名牧師，目前也正在教會牧會。

有一次，李古意的腳踏車遭竊，懷疑鄰居竊取。於是去請教鄰居蔣封堯律師，詢問如何採取法律行動，但這位基督徒律師說：「我們來禱告。」李古意因此放棄了告發這名鄰居的念頭，而他自己也爲這位律師「愛你的鄰舍」的精神感動落淚，而選擇成爲一名傳道的牧師。蔣封堯律師的兒子，後來就是台中市著名的基督徒建築師蔣敬三，娶了擔任過內政部長、總統府秘書長的廖了以的女兒廖梨妃爲妻，在台中市經營相當著名的「梨子咖啡館」。二〇〇五年時，蔣敬三爲台灣信義會台中慕義堂的玉門教會，免費設計了一座美侖美奐的敬拜堂，和在隔壁的「梨子咖啡館」，連結成一對相當引人注目、翠綠與純白相間的高雅景觀。每個到台中西屯玉門路中科商圈購物的遊客，都會對這對雙子建築的美感，留下非常深刻的印象。

在李家四姊妹中最小的李美齡，在二〇〇九年，上帝安排了她與台中忠孝路基督長老教會的曾仁杰牧師結合，成爲一名人人欽羨的牧師娘。曾仁杰過去是她高中時代的同學，當時還是一名令人頭疼的問題學生。但上帝改變了他的生命，呼召他成爲傳道，並在二〇一二年被封爲牧師。李美齡說，她面對挑戰很大，因爲曾仁杰在信主前破碎的婚姻，留下了兩名女兒。她擔任了繼母的角色，令她欣慰的是，她和這兩名繼女相處得非常愉快。

對於一九七〇年受洗的李永吉三兄弟，和李家四姊妹和他們的家族，黃金田牧師又引用了聖經中箴言第十章二十二節的經文做了總結：「**耶和華所賜的福，使人富足，並不加上憂慮。**」

▲黃金田牧師講道

坎坷艱辛的歸主之路

相對於家族裏面兄弟姊妹同心信主受洗的蒙福景況，有些會友或是信徒的歸主歷程，是相當坎坷而艱辛。

一九九一年與夫婿曾風文同時在台中聖教會受黃金田施洗的盧美雲，談到她們夫婦信主的過程時，最經常使用的口頭禪就是「孤鳥插人群」。

黃金田引述新約聖經「羅馬書」第五章三至五節的經文：「**…因為知道患難生忍耐，忍耐生老練，老練生盼望，盼望不至於羞恥，…**」

曾風文在一九八九年時經營廣告招牌公司，經常要架梯登高吊招牌，某天遭到高壓電的電擊而幾乎喪命。送到醫院急救獲得醫治，病情稍微穩定後，醫生和很多朋友還對他們說，遭到高壓電擊還能保住生命，眞的是命大。

但是曾風文的身體卻因此而變得相當衰弱，經常突然昏厥。尤其是半夜一、兩點鐘時，盧美雲經常發現夫婿昏厥，然後身體大冒冷汗。她必須緊急救助處理，而盧美雲自己，也像新約聖經中福音書裏所敘述的血漏的婦人一樣，經常會落下血塊來，身體也陷入疾病的痛苦之中。夫婦二人的疾病，在沒有健保的情況下，花光了所有的錢財，眞是落到家徒四壁，連房租都繳不出來，好心的房東也被他們積欠了四十多萬的房租。

在沒錢就醫的情況下，當時尙未信耶穌的盧美雲，只得求助於神明。先是去觀落陰，由一名通靈的人，帶他們向陰間的神明和亡者求問，卻得不到什麼效果。於是透過友人的介紹，又到台中市西區精誠街，一條巷子裏的神壇去問神明求平安。

那是一棟公寓一樓，裏面供奉了十多尊各種形貌不同的神明，神壇的女主人爲她們分析夫婦災病連連的由來，告訴他們，必須要超渡他們十多代以來的祖先，他們的身體才會健康，家中才會平安。

盧美雲因此坐困愁城，既沒錢看醫生了，何來二十多萬元的金錢超渡祖先？坐在「豐芸廣告公司」店門口發呆的她，當時心裏出現了這樣一個問題：「難道這個世間，眞的沒有一位能夠救人性命的眞神嗎？」

奇妙的事情發生了，隔壁的基督徒鄰居林文隆夫婦，鼓勵他們投靠耶穌基督，來獲得醫治和平安。

她自己在學做 POP 海報的基督徒老師，爲他介紹了一位基督徒客戶，這位客戶也很熱心的向她們傳揚福音，鼓勵他們參加教會的禮拜。後來她才知道這位客戶，原來任職台灣銀行，離開銀行以後經營食品公司，也是一位很熱心宣揚福音的基督徒。是黃金田牧師的台中聖教會負責宣揚福音「三福計劃」的執行人，引領了數百人受洗歸主，名字叫做趙培植。

在慕道期間，盧美雲還帶著常因昏厥而痛苦不堪的夫婿曾風文，連續三天到省立台中體育館去參加孫大程博士佈道大會。曾風文每天在晚餐時都會昏厥過去，但在佈道會後，卻感覺痛苦有了減輕、稍微好轉。

盧美雲說，她是抱著「死馬當活馬醫」的心情，把她的夫婿和自己交到上帝的手中，希望上帝能夠醫治他們。第二年舉辦同樣的佈道會時，曾風文已經身體康復，能爲孫大程博士的佈道會，製作透明的壓克力講台。

曾風文夫婦受洗後，來自家族的壓力也開始到來。由於曾風文是家中的長子，他的姊姊在獲悉後，非常生氣的掛斷電話。而那一年他們回宜蘭老家時，家中的三個弟弟，都以非常生氣的態度表示不滿，甚至最小的弟弟還對大哥口出穢言，認爲他們是不孝的兄嫂，更認爲他們的病災，是不孝所帶來的懲罰。

令她感到十分欣慰的是，受洗以後的曾風文，昏迷的次數很快地就減少了，痛苦也減低了。但廣告社的生意因爲很多廠商移往中國大陸而變得愈來愈差。終於在幾年前去報考環保局的清潔工，要去考試的那天早上，她讀到了舊約聖經「約伯記」的一段經文，心中十分感動，這段經文在第八章五至七節：「**你若殷勤的尋求神，向全能者懇求。你若清潔正直，他必定為你起來，使你公義的居所興旺，你起初雖然微小，終久必甚發達。**」

二十一年來，他們夫婦相繼獲得醫治，兒子和女兒也相繼在一九九六年和九七年受洗。兒子宜蘭大學畢業以後，目前任職於苗栗通霄的地政事務所，擔任基層公務員。而他在參加這項基層特考以前，上帝就已經預先告知，他會考出很理想的成績。至於女兒畢業於日文系以後，也在中國大陸的日商公司任職，再加上他們夫婦在環保局的工作收入，家中的經濟也漸漸好轉。更難得的是，兩個孩子自幼貧困的生活，使他們養成勤儉的好習慣，盧美雲相信在上帝的祝福下，他們這一家都會有美好的未來。

這兩年，一向反對他們信耶穌的家人，也漸漸改變觀點，認爲大哥曾風文一家人，在信了耶穌以後，他們的子女目前在整個家族中，是最有成就的兩姊弟。

驅魔趕鬼的牧者

一九五九年六月間，前後在屏東及台中聖教會擔任四年的傳道的黃金田，按照聖教會的制度，再繳交論文，通過行法法規及舊約小先知書的測驗，即具備有被按立爲牧師的資格。

順利取得資格，黃金田等候由聖教會安排按牧的日子。根據聖教會的會史記載，當年同時按牧的傳道共有十人，特別邀請了日本聖教會的委員長，也是日本東京聖經學院的院長車田秋次牧師，親臨中台神學院的大禮拜舉行按牧典禮。

▶黃金田牧師講道

全台聖教會都來參加此一盛會，可以說是台灣聖教會創會以來，難得一見的盛況，中台神學院裏面坐滿了好幾百人參與。車田秋次牧師的講道題目簡潔有力，取自羅馬書第一章第一節：「耶穌基督的僕人保羅，奉召爲使徒，特派傳神的福音。」對台下聽講的準牧師而言，確實是一項很大的鼓勵。每個人都深刻感受到「奉召爲使徒，特派傳神的福音」這樣重大使命感與不凡的意義。

一九七九年前後，黃金田經歷第一次驅魔趕鬼的經驗。由於是擔任牧師以來的第一次，過程也相當艱辛，令他難以忘記。

當時黃金田身膺台中聖教會的主任牧師，兼任台中市教會聯禱會的主席，又爲了那一年復活節各教會共同舉辦的佈道活動而忙碌著，因此身體就又開始出現了狀況。

他因此認識了「靈光醫院」的郭大夫和其夫人。郭大夫夫婦都是澳大利亞的白人醫師，遠從澳洲來台中行醫，而將行醫的所得，都奉獻在治療台中一帶患有小兒痲痺的兒童。醫院收容了幾十位患有小兒痲痺的病童，免費提供吃住和醫療。也不向經濟狀況較差的住院患者收費。

黃金田檢查無礙，但因此接到了「靈光醫院」轉介過來的一位「患者」。

郭大夫是一位相當敬虔的基督徒，他發現這位患者東美足（化名）身上有「著魔」的症狀。東美足那時還就讀台中烏日的高級中學，而她之所以被發現異狀，是她在學校上課時，有時會出現發怪聲和怪異舉動干擾上課。已先後在台大醫院、榮民總醫院、靜和醫院的精神科診療，卻沒有任何效果。

基督徒可以爲人做趕鬼的禱告和醫治，是聖經中的福音所清楚記載的，而且救主耶穌自己也在傳道的過程中，爲人趕鬼，把邪靈從被附身的人身上趕出來。

要分辨是精神病患和邪靈附身者，最好的方法就是奉耶穌的聖名爲患者禱告。而邪靈附身的人一聽到耶穌的名字、和聖靈兩個字時，身體和表情都會出現怪異和掙扎的現象，甚至顏面會出現令人覺得兇惡或陰森的表情。至於一般的精神病患，在爲他們做禱告時提及耶穌或聖靈時，沒有特殊的反應，這是邪靈附身和精神病患最大的區別。

斷定了東美足是邪靈附身後，黃金田和那時還在讀神學院的兒子黃志恆，以及教會裏的牧師和一位女傳道陳香菊，準備爲東美足趕鬼。

在接下來的禮拜四、五、六三個晚上進行，由於之前毫無經驗，唯一的藍本就是聖經福音書中，耶穌為污鬼附身的人趕鬼的記載。

當天吃過了晚餐後，他們就開始在牧師館讀經禱告，一個小時以上的「準備期」後，就開始趕鬼。奉耶穌基督的名，斥責這名附在東美足身上的邪靈，要求其從東美足的身上出來。

而每當以耶穌之名斥責邪靈時，東美足就開始痛苦的表情和掙扎的反應。在喉嚨裏出現吱吱呀呀尖叫的怪聲，稍作休息、唱十字架之歌時，東美足身上的邪靈也會出現痛苦尖叫的反應。於是，陳香菊女傳道靈機一動，把教會及奉獻上面繡有十字架的袋子拿來，把十字架張開來放在東美足胸前，身上的邪靈又開始痛苦的掙扎。

黃牧師依照福音書裡，耶穌趕鬼的方法，來問在東美足身上附身的邪靈，究竟來自何處？這名邪靈污鬼回答說：「來自死底坑！」黃牧師又開始斥責這名來自「死底坑」的污鬼，牠說不願意出來，因為牠好不容易才找到東美足這個可以棲息的標的物。

掙扎到晚上一點多鐘，居然從東美足口中冒出一句奇怪的聲音：「太晚了、累了、休睏了！」

聽到這句奇怪聲音所講的話，一群疲累不堪的趕鬼人突然笑了出來。想到「鬼也會累」，都覺得相當好笑。

繼續到了第三天驅鬼，終於在半夜快兩點，污鬼從東美足的身上逃出在空中冒出一股黑煙。

那一剎那間，東美足的鼻孔中突然冒出黑色的濃煙，而那種濃煙的味道，就像一般廟裏所燒的香，而污鬼逃出來時，東美足亦昏倒在地，但奇怪的是，東美足的姊姊東美雲當時也昏了過去，而開始在喉中發出怪聲，這其實也是聖經中福音書所提到的，污鬼會另外找可以附身棲息的地方，由於當時夜已深，只好再爲東美雲做了潔淨的禱告，而後續一段時間，他們也再爲東美雲禱告，終於才將污鬼徹底趕出。

東美足返回南投山區的小鎮家中，晚上六點一過，又感覺到邪靈在她身上蠢蠢欲動。黃金田建議她到牧師館中來和牧師娘同住。住在牧師館的期間，這種現象就不再出現。可是，一回到家中，又開始出現異狀，黃牧師因此到東美足的家中探訪，才發現他們家中三樓，供奉了不少神明的偶像。他建議東美足父母，把這些會棲息邪靈污鬼的神明偶像除掉，但東美足的父母卻不贊成除去偶像。

也因此，東美足的狀況時好時壞。黃金田分析說，家中如果供有可讓邪靈污鬼棲息的偶像，則會使趕鬼的工作效果減低。甚至，在東美足的心底意識裏，有一個不明的區塊，也許仍然眷戀著污鬼存在時，所帶來的莫名所以的愉悅與滿足感。

因爲後來東美足在睡時，會不知不覺中比出各種奇異的手勢，有時會有某些神明偶像崇拜者在作法時的手勢，有些也像觀世音某些所謂的手勢。黃牧師因此就探詢她，何以在睡夢中會出現那些奇怪的手勢？東美足則回答說，她做那些像是某些所謂的法師所做的手印，是因爲她那時正進入陰間地獄去救那些苦難的人。

東美足後來居住到新竹山間的一處尼姑庵去，情況時好時壞，有一次還打電話給黃牧師，說她的耳邊一直有人對她說話，叫她從尼姑庵附近的山上向山谷往下跳。黃金田勸她去新竹聖教會找劉瑞賢牧師禱告，才免除了她遭邪靈驅使跳山谷自殺的危機。

在新竹聖教會進行禱告醫治以後，東美足一度情況非常良好，還前往當時在嘉義草嶺參加全省婦女靈修會中作見證，相當振奮與會者的人心。

當時台中聖教會的女傳道陳香菊的姊姊陳香秀，所錄的趕鬼過程的錄音帶，後來帶回到家中給她們的弟弟陳波合聽。陳波合因此對基督信仰產生極大的信心。逢甲大學航空系畢業以後，到中台神學院就讀神學，也在太平地區擔任了太平聖教會的牧師。陳香秀後來也把她的錄音帶拿給了好友周明杏聽，周明杏聽了以後，也就信了耶穌，而她的弟弟，也就是後來的周明仕牧師，另一個弟弟周明田則是在美國擔任會計師，也在美國洛杉磯愛修園，擔任一位帶職事奉的兼職牧師。

回憶起這段經過，印證了耶穌基督在福音書裏所說的話，基督徒擁有趕鬼的權柄。黃金田提及此事，感動的當場流下了感恩的眼淚，耶穌基督的話是如此眞實可信，雖然是深夜兩點，他仍無法抑制地，流淚超過半個小時。

▼地中海旁邊的古羅馬競技場遺跡，使徒保羅由此出發，搭船前往羅馬，以上告羅馬皇帝的方式，自殺式的在訴訟過程中宣揚耶穌基督的福音

▲約旦境內的沙漠和雄偉的巨石峰

有了這次寶貴的趕鬼成功的例子，接下來的趕鬼過程，一切都進行得相當順利。

對邪靈進行趕鬼的禱告，要有週全的準備，除了讀聖經和禱告以外，還要注意身體的健康情況。黃金田牧師第二次驅鬼成功的女孩盛有珍（非本名），也在黃牧師驅鬼因疝氣後開刀住院時，前來探視、唱詩歌及禱告，全家人也都信主。後來盛有珍結婚生了一名小孩，夫婿則是一位牙科醫師。

黃金田牧師說，眞正要做較深入的分析，污鬼附身是屬於比較嚴重的一種，發作起來被附身者會有比較激烈的反應，令他人受到驚嚇。至於邪靈的作用，雖然比較沒有那麼嚴重，但是被附身的人卻會因此而像得到某種不明原因的疾病，身體日漸衰弱。在黃金田牧師退休時所出版《宣揚主的道》這本紀念文集裏面，就收錄了會友遭到邪靈附身，雖沒有特殊的異常行爲出現，但身體日漸衰弱的例子。而邪靈與污鬼的作用雖然不太一樣，但是同樣奉主耶穌的聖名進行醫治的禱告，就可以得到完全醫治的果效。

後記：一個掙扎的靈魂

如果眞正要追溯我的信仰之路，也就是在尋找神的這一條道路上，其實起源得相當早。

信仰追尋的聖者：釋迦牟尼？

小學三年級前後，應該是民國四十八年間的事情。那時應該還是夏秋之際，我坐在一棵榕樹下，看一齣《釋迦牟尼成道記》的幻燈片。

至今我仍印象深刻，釋迦牟尼在王子的優渥生活，在一次巡視國境的歷程，經歷思索人生最爲悲慘不堪的生、老、病、死過程。開啓了他的求道之路。在赫曼．赫賽的《悉達多求道記》這本長篇小說裏，有非常詳細的敘述，應該是要瞭解釋迦成佛的最普通、而迅速容易的方法。

一本直接從梵文翻譯過來的釋迦傳記，釋迦王子在結婚以後嬪妃如雲，他的理智告訴他，如果不離開這樣的生活，他即將面臨早逝噩運。他選擇出家求道的生活，是非常理性的。日本的一個研究者似乎找到了可信的歷史資料，發現釋迦的岳父曾托人帶信，給因爲求道苦行，而不回家的釋迦，警告他如果再不回家照顧妻子和小孩的話，就要派人到他修道的地方殺了他。釋迦顯然沒有接受岳父的恫嚇。以目前我們很容易讀到的《佛教大藏經書》第一冊《雜阿含經》裏所敘述的佛陀和弟子的對話內容，都是相當簡明可行的佛徒生活基本準則。其中最大的戒，當然就是女色。這一點和基督教舊約聖經的畫面、摩西的十誡畫面強調的「你不可姦淫」這一誡，可以說是十分的吻合。而最有趣的地方，所謂的新約聖經時代，耶穌基督的告誡比舊約時代更爲嚴苛。耶穌指明，如果看了一個女人而動了淫念，就罪同姦淫。

回到《雜阿含經》，佛門弟子，在行住坐臥的任何一刻鐘裏面，都不可用眼睛犯下色戒。釋迦牟尼一再強調的「六根清淨」的理論。和耶穌的教訓，有異曲同工之妙。

在此之後，發生了一件令我十分駭怕、至今無法忘記，那是我的人生第一次親眼目睹一場可怕的死亡印象。夏天的午後，有人從外面的碎石子大馬路上，推了一輛兩輪推車走進巷子。手推車上面，可以看得出躺了一個死人，上面覆蓋著一件草蓆，蓋住了死者的臉部。我們這些既害怕又好奇的小孩，就跟著那一輛手推車的後面，看到了死者被送往一間屋子的大廳上，被蓋上很多非常大的冰塊，以防止死者的屍體在炎熱發臭。

那一個晚上佈置了告別式場，我在電燈炮的燈光下，看到了懸掛的閻王十殿圖，描寫人們在死後必須遇到十殿閻王的審判，依照審判的結果，押著前往執刑，除了可怕的上刀山和下油鍋，還有一種血池，人在裏面會被慢慢溶化的血水。

死者死於嚴重的肝病，她因爲發現丈夫的姦情而離家出走的。心情的痛苦，困頓不已的生活，終於使她走到了死亡的絕境。說起來非常的諷刺，與她丈夫發生姦情的，是一個外貌長相極其肥胖、甚至臃腫的身形高大女人，她肥胖的程度，使她戴著眼鏡的雙眼，被擠得只剩下兩條縫而已。

那個仲夏夜之末的晚上，爲我們這些小孩子播放《釋迦牟尼成道記》幻燈片的主人，同時也是在古井旁「菜堂」（佛堂）的主人就是那個與有婦之夫通姦過的肥胖女人——「菜姑」。我曾進過那個「菜堂」一次，供有神像及木魚，可以敲響的大小銅鐸這一類法器的地方、入口的正面還懸掛有莊嚴貴重的黃金光澤法幡布巾，香氣燭燒著。

新約聖經的書信裏面，保羅把「拜偶像」這件事情和「淫亂」劃上了等號。在舊約聖經摩西在西乃山領下了上帝的十誡，也清楚地下了「你不可爲自己雕刻偶像」這樣的禁令。

爲了不要讓傳統的民俗信仰者誤會，認爲他們一片善心求神拜佛卻被污名化爲淫亂者，我想更進一步從神像的意涵來解釋。因爲舊約聖經裏面，神是沒有具體形象的，就算是摩西在八十歲被上帝呼召出來，進入埃及挑戰法老王。把以色列民從埃及爲奴之地解放出來，帶領他們離開爲奴之地時，上帝向摩西講話下達此一使命的時候，摩西並沒有看到上帝的具體形象，只是看到了火中的荊木月木中月，或者說是荊棘叢中有燃燒著的火，正向他說話。

在奧斯卡金像獎得主雷利史考特的《天地王者：出埃及記》這部電影裏面，在出現了一下子火中的荊棘以後，上帝是以一個小孩童的形象與樣式出來和摩西對話，伺候一旁的秘書約書亞，是看不到形象的，我個人認爲雷利史考特這個人是眞正澈底讀通了聖經，又非常了解人類對於所謂上帝存在的這個事實難以接受的心理。

所以他在這部《出埃及記》裏面，採用了一種完全迥異於聖經文字限定的方法，用他自己獨特的藝術手法，澈底地讓他的觀眾，能夠心悅誠服地接受了出埃及記裏面，最難爲現代社會民眾相信的「十災」以及「出紅海」的這些神蹟奇事。其實在電影裏面，摩西在紅海沿岸的沙灘上，心情是十分絕望的，所以自棄式的將隨身寶劍卸下對空拋向紅海之中，他是在第二天的清晨，才發現了紅海的水平線下降，而即時下令一百多萬以色列民穿越紅海的淺水地面到對岸去。

至於比較引起非議的是以孩童形象來表徵上帝，如果以新約聖經的四福音書裏面，門徒不願意讓孩童接近耶穌，耶穌卻表示歡迎孩童到他的地方來，而且還說了，只有像孩童這樣的樣式才能進王國這樣的話，對照創世紀那句有名的話：「神依照他們自己的形像，創造了人類。」事實上，雷利史考特這樣的作法，並沒有違背聖經的原則，而且非常有想像力以及藝術創意。

以色列民進入上帝所應許的應許之地迦南，完全是在上帝的照護之下完成的，不管摩西也好，約書亞也好，都再三告誡以色列民：「**你們不可有別的神，因為我耶和華是忌邪的神。**」

易言之，當時當地迦南人所拜的神，事實上是一種邪靈，而現代考古學的研究，所得到的結果，也確實如此，因爲當地的迦南人殺嬰兒祭神，發現了數以萬計的嬰兒骸骨。

不但摩西的十誡裏面有「**你不可為自己雕刻偶像**」也有「**除了我耶和華以外，你不可祭拜別的神**」。在「約書亞記」裏，約書亞說了一句傳誦千古的名言：「至於我和我家，我們必定事奉耶和華。」這是整卷「約書亞記」裏面最爲有名的一句話，也是舊約聖經神學的核心要義。後來的先知書，包括何西阿書、耶利米書都把祭拜耶和華以外的神明偶像的行爲，視爲淫亂的行爲。其中尤以「何西亞哀歌」最爲有名，一位先和何西阿娶了妓女爲妻，上帝藉此宣告，以色列人祭拜偶像，如同何西阿的娼婦般不貞、汙穢。

到了耶穌基督以後的新約聖經時代，在新約聖經裏，留下了最多的神學書信函的保羅，爲什麼把拜偶像等同於淫亂。因爲在保羅所建立的幾個教會之中，其中有一個處所就是哥林多的港口這地方，而在這個商學貿易相當發達的港口，建了一座規模應該是相當大的神廟、祭祀女神亞舍拉。這個人煙旺盛的神廟，裏面並且有廟妓，讓前來祭拜女神的男人，可以在廟區裏面順便嫖妓，解決性慾的問題。光是從廟妓人數高達千人以上，就可以想像這個廟的規模和它的廟區是如何龐大與寬廣。

在中國的詩詞裏面也有「神女生涯原是夢」，來形容操持娼業的女性，可見中國也有廟妓這一行業的存在。

這是偉大的使徒保羅，對於他可以倒背如流的舊約聖經，和他在宣教過程中所看到的社會現象的觀察，所以寫下了拜偶像等同於淫亂這樣的結論。

也許比較客觀的說法應該是，如果想要用祭拜神明偶像，來抑制自己可能犯下淫亂的罪行，可能效果非常有效，甚至會收到反效果也不一定。亞洲地區的泰國，是佛教很熱衷的地方，結果此地愛滋和性產業的數量，在亞洲排名第一的現象，似乎印證了保羅的觀察。

也許這正是保羅在他的重要新約書簡「羅馬書」裏面寫下：「**我真是苦啊，想行的善卻都行不出來，不想行的惡，卻都行出來了。**」的原因。

向來誠心拜佛的人，是否真能禁戒自己的淫亂罪呢？如果以日本作家三島由紀夫所寫的名作「金閣寺」來結論，白天以和尚爲業的住持，到了晚上逛吉原町花街，最後還輾轉導致弟子也迷上此道，而將金閣寺付之一炬的過程。

台灣中部埔里山區一座美侖美奐又看起來金碧輝煌、十分宏偉的佛教寺宇。前幾年才以近百高齡去世的住持和尚，生前就以流連於花前月下著名。中部地區的醫界人士談到這位住持和尚的花柳之疾時，還繪聲繪影、煞有介事。尤有甚者的是，這名住持和尚，其出身實爲軍旅行營的一名伙夫，後來也許是不堪世事沉重煩擾，乃削髮爲僧，而成就其偉大的佛教事業版圖。二十多年前房地產事業的高峰時，這名出家爲僧者，甚且風塵僕僕地到處購地買樓，出入均有黑道社會人士攜槍相隨，儼然一付商場黑道大亨的氣派。而佛教之僧侶制度，實源自於古中國唐朝，其出家爲僧者，必須經過政府考試，始可領取度牒，稱爲和尚。非今日三教九流之徒，以和尚自居，還接受師父稱謂，受人跪拜。流風所及，名爲和尚，實爲聚斂無道之財主。坐擁數以億計的寺產者所在多有，實在已非當年釋迦修習成佛之初衷本懷了。

我曾做了一個非常奇特的夢，至今仍印象清楚。在孩童時代經常在那裏玩耍的小廣場空地，完全吻合我們日常生活中的實境中，宛如一名聖者的人坐在那個石頭上面，正把他的右腿伸入一個洗臉盆裡，而我的雙手就按在那個洗臉盆盆沿上。

我猜想和父親有很大的關係，小時候，父親從公家機關下班騎腳踏車回來，我便隨他進入土角茨房子，他在寬敞的中堂裏面，打好一盆水，用毛巾浸水洗臉，然後把腳放入水盆裏面洗乾淨，最後才把水倒水槽，流到外面的小水溝。

精神分析名家佛洛伊德《夢的解析》，認爲在某一種範圍之間，可以在日常生活中找，到晚上夢境出現的根源。

出現在夢境裏面在洗腳的聖者，可能是我父親在我心裏面的一種變形。之所以說是變形，因爲我父親並不是一個聖者。而是因爲我在看了「釋迦牟尼成道傳」的幻燈片後，源自於釋迦牟尼的聖人形像轉化而來。

在我的心靈裏面，受到生老病死循環所感受到人生苦境的我，希望能有一個像我的父親那樣，能夠主宰我的人生的聖者出現。成爲我能夠恭敬、謙卑（洗腳盆的深層義涵在此）的服事對象，讓我的生命，能夠有免於死亡的恐懼。

接受父神的美好信仰人生

二○○○年的一月十四日，我生日的前一天，接到了好友台灣文學家宋澤萊從鹿港寄來的現代中文譯本修訂版的全本聖經。開啓了我人生另一個階段的新頁，一個有了聖經和耶穌信仰的人生。

在收到聖經之前，我始終認爲，那個出現在我夢境中的聖者，就是釋迦牟尼。我中學時與母親經常出入台中佛教蓮社，除了拜佛像，也聽講師講解佛經。沒幾年，我就正式皈依成爲一名佛教徒，而且爲我舉行皈依儀式的李炳南老居士（字雪齋，又被尊稱爲雪公老師）還在我的皈依證書上面，以毛筆工整的寫下我的「佛名」——「慧勤」。

十七歲那一年，我在中國時報的人間副刊，前後發表了四個短篇小說。我相信我對於中文的認知和運用，應該達到了一個文字工作者的基本水準。可是令我十分困惑的是，每個星期三晚上，我在佛堂裏面坐在椅子上，規規矩矩地聽老師在講「大方廣佛華嚴經」的時候，一直無法稍解其中文意。然而講經的佛堂裏面，充滿了令人肅然起敬的莊嚴肅穆的氣氛，讓我產生了極大的罪惡感，認爲是自己渾身充滿了罪惡，才會始終聽不懂台上老師所講的道理。

如今想來相當諷刺，佛經提及個人修行，如果眞正要達到功德圓滿的境界，可能需要有如「恆河沙數」那麼多的年數，那也許是連我們以人類的頭腦，都無法算是幾億個億年。

把中國大乘佛教這類的經文內涵，和基督教聖經裏面人類可得救的時間比較，是完全兩極的觀念。因爲在舊約聖經裏面，第一個被神，也就是上帝所呼召的人亞伯拉罕，他得救的時間，是極爲短促的，**「由於他的信，神便稱他為義。」**

很簡單，只要信，就得救了，並無漫無止境的修行期間，這樣的信仰理論基礎，無疑是相當能安慰人心的。一個最簡單的例子出現在新約聖經的路加福音書的二十三章 39 節以後的經文。在那個時候，耶穌已經被釘上十字架，左右兩側還各有一個同釘的罪犯：

「那同釘的兩個犯人有一個譏笑他，說：『你不是基督嗎？』可以救自己和我們吧！」（另外一側的）**那一個就應聲責備他，說：「你既是一樣受刑的，還不怕神嗎？我們是應該的，因我們所受的與我們所做的相稱，但這個人沒有做過一件不好的事。」就說：「耶穌啊，你的國降臨的時候，求你記念我。」耶穌對他說：「我實在告訴你，今日你**

要同我在樂園裏了。」

這一段經文，經常被引用來證明，任何人只要相信耶穌是他的救主，他當下就可以得救。

如果以上下文對照的聖經解說原則來看的話，這一個可以得救的人，顯然具有非常高度的感受力和觀察力的。在整本聖經裏面，尤其是新約聖經裏面，在羅馬帝國行醫的路加醫生，是唯一的非猶太人（比較正確的說法是非希伯來人）。「使徒行傳」也是他寫的，根據歷史學者的研究，路加醫生留下來被收錄在新約聖經裏面這兩卷書，是路加以書信體寫的。尤其「路加福音」一開頭就有收信人的名字，是一個被呼爲「提阿非羅閣下」的人，他寫這封後來被列爲福音書的信，很顯然是想要爲因爲叛亂罪被判十字架死刑的耶穌平反，另外一個目的，就是想要營救身陷於羅馬監獄之中的使徒保羅。

所有耶穌的神學觀點衍生出來的理論，幾乎都是保羅寫下來的。如果沒有保羅留下來的書信，可以說耶穌基督的神學殿堂，幾乎就是失去了最重要的樑柱。保羅所寫的「羅馬書」和「加拉太書」這兩卷書信，在他死後一千五百年以後，由馬丁路德，這個修練苦功和聖經學問，人類史上第一個二十九歲的神學博士。把這兩卷書加以注釋成爲講義，在基督教世界掀起了震撼力驚人的爆炸性效果，在歐洲原來被稱爲天主教的區域，興起了基督新教的信仰旋風，德國、荷蘭、英國紛紛從天主教廷的掌控之下掙脫出來，成爲獨立自主的各種基督新教的國家。

「希伯來書」雖然看不出來作者是誰，但神學專家已有了共識：非偉大的使徒保羅莫屬！因爲這一卷書裏面，把舊約所有的書卷內容，完全融會貫通，連在細微的原本很不爲人所注意的小地方上面，都能發掘出來做爲基督神學的理論基礎。例如亞伯拉罕十一奉獻的對象撒冷王，也就是平安王的身份之特殊意義。以色列見面第一句話就是「撒冷」，意思就是平安。在「使徒行傳」裏面，耶穌復活以後，見到他的門徒，第一句話也是「平安」。這句問候語，和佛教徒見面互道「阿彌陀佛」多少有異曲同工之妙，因爲「阿彌陀佛」的意思是「無量光無量壽」，用這樣的語言打招呼，用比較簡白的方式來說大概就是「你是一位不斷發光而且長壽的佛」的意義。

可是，可能有百分之九十九以上的台灣佛教徒可能不了解，這樣的稱呼是違背了釋迦牟尼「三法印」的教導。

耶穌警告他的門徒說，將來會出現一些人假冒爲基督之徒，而其實這一幫人是「敵基督的」，也就是他們的敵人，要門徒愼防這幫人的滲透。同樣的，釋迦牟尼在生前已經爲自己所教導的修行者說下定義以防止有一僞稱是佛教徒，甚至是佛學大師，來以訛傳訛，造成佛法如毀壞，釋迦爲他的佛法立下了「三法印」的規範定義，也就是說，如果將來出現的佛法，符合「三法印」的定義，就是釋迦心法的延伸，如果不符合「三法印」的原則，則不能視之爲佛法。

「三法印」就是：「一，諸行無常；二，諸法無我；三，寂靜涅槃。」

「三法印」的觀點其實是適稱的，「諸行無常」是第一個無，光看無常這兩個字，就知道這不會是什麼好事，更誇張的是，在台灣城隍廟裏面，還有一種叫做「白無常」的鬼東西，不但一身是白，而且還伸出一條長長的紅色舌頭，外形十分可怕。

釋迦牟尼的無常當然沒有那麼可怕，他只是要用諸行無常這四個字告訴你，在人的一生當中，經常會出現意料之中或者是意外的事情，而這些事情當中，有一部份會使你感到痛苦。

所以，釋迦牟尼要我們應該抱持著「諸法無我」的客觀，甚至在心理上要給自己打預防針，知道如果萬一出現了會讓自己產生痛苦的現象，千萬不要讓自己被那個現象，框住深陷其中而苦不堪言，這種態度就是「無我」，這是第二個無。

爲什麼「寂靜涅槃」會是第三個無呢？因爲，這個無，甚至可以稱之爲「永遠的無」。如果去查字典，就知道涅槃其實就是死亡的意思，何以稱涅槃不稱死亡？這是因爲死者在臨死之際，必須了然於心的是一句話，也就是証入這個道理之中：「我生已盡，所作已做，梵行已立，自知不受後有」。在我的一生當中，應該做好的事情，我都盡責任的去做好了，而且也過著清淨沉靜的日子，自己很清楚的就是，人生是苦多樂少，將來不會再投胎到這個痛苦的世界來了。

也因爲「寂靜涅槃」的意涵，所以一些佛教徒的告別式中，會懸有上面寫了這四個字的橫式輓聯。意思當然是尊死者爲上，表彰他或她生前的修爲，可以圓滿地寂滅。因此有些出家和尙或尼姑，把去世說成是圓寂。

那是不是每一個出家人，或在家修行的居士最後死了都稱之爲圓寂？那可就見仁見智了，有些鼎鼎大名身家幾億台幣的大和尙，說不定斷氣死亡的時候，搞不好身上的花柳暗疾都還沒根治痊癒也未可知呢！

從「三法印」的論述來看，就知道「阿彌陀佛」的概念，其實是不同的。既然「諸行無常」，怎麼可能會有一個「無量光無量壽」的永遠恆定的存在呢？所以，根據二〇一二年國家文藝獎的得主宋澤萊的觀點，台北善導寺的住持印順和尚在他的著作中指出，所謂的「阿彌陀佛」的觀念，其實是抄襲自西方基督教天國的理論。而事實上，印順和尚在一百零二歲圓寂於花蓮他的弟子證嚴的慈濟精舍時，他的弟子們就遵照他的教誨不斷誦念著「南無本師釋迦牟尼佛」而不是一般佛教徒臨終助念的「南無阿彌陀佛」！

我們可以在佛教的基本文本《大藏經》，這個總共約六百巨冊的經典發現，「阿彌陀佛」這個稱謂，這個已經神格化的名號或者是物體本身，出現得相當晚。

從時間序列來看，舊約聖經最起頭的第一卷書，出現「光」這個文字非常的早。在「創世記」的第一段就是：「起初，神創造天地。地是空虛混沌，淵面黑暗；神的靈運行在水面上。神說：『要有光』，就有了光。神看光是好的，就把光暗分開了。神稱光爲『晝』，稱暗爲『夜』。有晚上，有早晨，這是頭一日。」

從純粹理性的角度來分析，釋迦牟尼寂滅以後的數百年以後，佛教的《大藏經》裏面，才出現了「阿彌陀佛」這個無量光、無量壽的神。而「創世記」的作者摩西，是在更早的將近兩千年以上的時間，就完成了「創世記」的寫作並且成冊。而僅就光體的本身來定位這兩種宗教的本質，佛教以光爲神，就算是具有無量壽的特殊神性，這樣的一個神，顯然他的能量是不敵舊約聖經一開始就出現的神。因爲摩西筆下的神，只是說了一句話，「要有光」，就有了光，光就這關鍵的第一句話，其能量就十分驚人，就遑論後面這個神，繼續以話語來創造宇宙萬物的能量，是有多驚人了。

但宗教信仰的特質，並不完全是以能量，或者是神力的多寡來論定的，毋寧可以說是以個人的喜好度來決定的。有些信仰非常簡單的人物，可能終其一生，就是以一句「南無阿彌陀佛」的法號，就得到了極大的安慰與益處，而無須他求的。

轉變爲基督徒，我個人最感激的就是文學家宋澤萊。

在我母親腦中風不久、因病情不穩再度住院，我的父親清晨腦溢血，不到中午十一點，就斷氣了。前一天的晚上，父親還和我坐在路口一家小麵攤吃晚餐，他爲以後家裏的財務狀況憂愁。我的大哥和小弟死於九二一震災那一年，他們是震災間接受害者，震災所帶來的某些損失，使他們憂煩不已，並且引發腦心之症而去世。

我在二〇〇四年的五月二日受洗成爲基督徒之後，幾乎天天早上三、四點左右都會跪在床上，向上主禱告，希望兄弟和父母親能夠安息主懷，並且共聚一處，近一年多以後，某一天早晨四點左右，我的眼前在那暗黑的四週之中，出現了閃電一般的強烈白光，我非常清楚的知道，上帝在回覆我說，祂聽到了我的禱告，我的兄弟和父母親以及列祖，都回到了天上了。

即使是如此，信仰之門，對於要從傳統的燒香拜佛的人，轉變爲一名不燒香、尤其是被稱爲不拜祖先的基督徒，仍然是十分困難。

最大的困難，其實是聖經的難以理解。表面上看起來，聖經雖然是一巨冊，但和佛教的三藏十二部經典總共約六百巨冊比起來，卻是小巫見大巫了。但是裏面的記載和論述，依然難解。我曾經爲了這個原故，打電話和送我聖經、並且教過我讀「雜阿含經」的文學家宋澤萊通過好幾次的電話，他竟然建議我讀「最好看的啓示錄」。可是，不讀還好，一讀之下，整個人猶如進入了迷魂陣中，一直到現在，我在教會裏面所看到的「啓示錄」仍然是很多基督徒不得其門而入的一卷書。

說起來很慚愧，二〇一七年的二月九日，我依照宋澤萊的建議，到台北市金山南路的台灣福音書房裏，買到了李常受所寫的「約翰福音」以後，才眞正了解到「啓示錄」中所存在的奧秘，其實是從摩西所寫的「創世記」裏面的第一章就存在了，而且這個奧秘，一直貫穿在聖經中的每一卷書，這是非常不可思議的一件事情。

二〇〇四年五月二日，我在現在台中市大里區的全人關懷中心，也就是台灣信義會台中慕義堂于金堂主任牧師所屬的大里牧區受洗，同日受洗的有內人曾素貞，還有兩個兒子常任、貴耀，後來才發現，女兒怡苹早在一九九九年秋天，就在高雄讀書時就已受洗。同受洗的，還有我大哥的兒子常捷、姪媳陳雅玲共六人。第七個受洗的，就是教我讀聖經，一同參十字架公案的指導老師宋澤萊，我想，在這個世界上，有人用禪學參公案的方式來認識耶穌的，應該就是有我吧？而會做這種指導老師引人信主的，可能在地球上，也只有文學家宋澤萊一個人吧！

書寫的開始

二〇一三年初，我對路加福音的作者路加醫生，產生了莫大的興趣，想要好好寫一些路加故事，他不但爲耶穌的平反和爲保羅辯護，投入了兩年以上的時間，並且成爲保羅生命最後階段的照護者，而且他的「路加福音」的筆調和善、搞笑的幽默感十足。當我和宋澤萊提出這樣的看法時，他給我的回答是，既然那麼喜歡路加，何不以黃金田牧師爲對象，做路加曾經做過的實錄採訪工作。

自二〇一三年三月十一日開始，透過黃金田牧師，更進一步認識了他牧養過的教會會友，感受到每一個人的人生都掌握在上帝的手中。而且從二〇一三年的五月開始，我連續三年之間，迷上了以色列這個屬於神的國度，也迷戀上了耶路撒冷這個世界上，最爲迷人的城市，更迷戀在以色列各地可以吃到的地中海風味食物。

透過了以色列這個國家，更清楚的感受到整本聖經，關於以色列及耶穌的預言，幾乎超過百分之八十以上都得到了應驗。聖經不只是紙上談兵的書，更是可驗的生活之書，更是與我們的靈魂深處有著密不可分的緊密連結。

而就在二〇一六年的最後一季，也就是這本小書要進入編輯作業的階段，基督教界以及整個台灣社會，爲了同性戀是否可以結婚的問題，發生了極大的爭議，即使是基督教會的本身，也發生了相當大的歧見，而在這樣的社會氛圍之下，在編輯這本小書的過程當中，關於此一議題的討論，竟然成爲我和當初帶我信耶穌的宋澤萊老師，展開了相當密切的對話，在這一段期間，宋澤萊做爲一個老師，他開始從聖靈對於一個人的作用，也就是人的身體乃是「神的殿」這個保羅的論點開始，逐漸進入到「聖靈內住」這個基督信仰最為核心的部份，在「聖靈內住」的體驗逐漸增生、擴大以後，過去經常在生活中感受到的那個「我」，逐漸消失而去，讓我能略從三十年的政治生涯和最新一直紛擾不安的各種社會議題中，逐漸沉靜下來，回顧我跟隨宋澤萊這位比我小一歲的老師，從大乘佛教坐禪、釋迦牟尼的原始佛教，參與我的公案，乃至於十字架上的公案，竟一步一步走入垂垂老矣的六六高齡。

我非常慶幸和宋澤萊生於同一個時代，也非常高興三十多年來他能夠成為我的良師益友，這十多年來，在他鹿港的家中，堆積如山的各種聖經解讀，他不斷自我挖掘深入靈魂深處，然後和聖經經文對照，然後將其中奧義以明白清楚的優柔文字，是一首又一首的小詩，安慰、救贖我們這些學習者的心靈。

在當面徵得他的同意以後，這裡節錄他聖靈觀點文字，作為本書的壓軸之作，獻給大家，希望我在裏面所感受到耶穌之美，和這個世界上最為美好的心靈解析的文詞，能夠使更多人在忙碌的生活壓力之下，獲得更多滋潤與益處。

附錄

「神住在我裡面，我住在神裡面」是甚麼意思？

◎宋澤萊

在《約翰福音》15 章 4 節，耶穌曾說：『**你們要常在我裡面，我也常在你們裡面。**』這句話爲未來信基督教的人指出了一個可能性，那就是「神可以住在信徒裡面，而同時信徒也住在神裡面」。

有人就說這是信徒和神「互住」的一種現象，這也是「聖靈內住」後必然會發生的狀況。不過截至目前爲止，我還沒有聽過任何的基督教徒描述過這方面實際的經驗，看起來彷彿是一種很神祕的體驗。

在這裡，我願意提供我在這方面的經驗給大家，和那些有眞正「聖靈內住」的人彼此可以交換經驗。

先說「神住在我裡面」。這句話的意思是說：聖靈〔也就是耶穌的另一個身分〕有一天會住在我的身子裏，讓我的的確確感知到聖靈就在我的身子裏，既不是在身子的外面，也不是在皮膚上。就是在身子裡〔通常是胸腔裡頭〕，就是在那裡！有一些人故弄玄虛，說不是身子裡，而是在「人的靈裡」。

對這種說法我表示尊重，但是我要問他：你所說的「靈裡」是指甚麼？甚麼是「靈裡」？難道「靈」還可以分裡面和外面嗎？難道「人的靈」像一個容器，可以收容聖靈嗎？何不像我和保羅一樣，就說聖靈住在「身子裡」比較乾脆！記住，

「神住在我裡面」這句話中的「我」是指「我的身子」！

接著再說「我住在神裡面」這一句話的意思。這句話是說當聖靈〔也就是耶穌的另一個身分〕先住在我的身子裡以後，慢慢的，我感覺到聖靈會在我的身子裡〔比如說胸腔一帶〕開拓一個「抽象的空間」，你就是感覺到那裡頭的確有一個空間〔有時這個空間是小空間，有時是無窮的空間〕，裡面瀰漫著聖靈，我的那個抽象的「自我」被包裹在那個聖靈瀰漫的空間裡，在精神最佳的狀況下，我甚至分不清「我是聖靈」或者「聖靈是我」，簡言之，「聖靈」和「自我」混成一塊了，我的確就是那樣被包裹在聖靈裡！這就是「我住在神裡面」的意思。記住，「我住在神裡面」的「我」不是指身子，而是指那個「抽象的自我」。

在這裡，我們該緊緊記住，第一句話的「我」和第二句話的「我」是不一樣的。第一句話的我是指「我的身子」，第二句話的「我」是指那個「抽象的自我」。看起來真正的意思不像字面上的那麼簡單哦！

好了，這就是我的「聖靈內住」的經驗！希望有人和我有完全一樣的經驗！哈里路亞！

——2015、06、15於鹿港

【題目】

「聖靈的殿」是什麼意思？

◎宋澤萊

問：聖經在哪裡提到「聖靈的殿」這四個字？

答：在《聖經》裡提到「聖靈的殿」，主要有兩段文字：

1. 哥林多前書 6：19 說：「豈不知你們的身子就是聖靈的殿嗎？這聖靈是從神而來，住在你們裡頭的；並且你們不是自己的人。」
2. 哥林多前書 3：16-17 說：「豈不知你們是神的殿，神的靈住在你們裡頭嗎？若有人毀壞神的殿，神必要毀壞那人；因為神的殿是聖的，這殿就是你們。」

第一則還明確指出：「你們的身子就是聖靈的殿」。換句話說，聖靈可以內住在我們的身子裡，從那一刻開始，我們就變成聖靈的殿。

問：那麼，聖靈尚未住到我們的身子以前，身子就不能算是「聖靈的殿」嗎？

答：那當然！聖靈尚未住在身子裡，身子只能算是空屋，或是雜貨堆積屋吧。頂多只能說「將來可能」變成聖靈的殿。

問：聖靈為什麼要「住進」人的身子裡？祂的目的是甚麼？

答：從人的這方面來看，這是因爲人信耶穌「稱義得救」後，由於許多的老習慣無法去除，譬如說還保留有姦淫、污穢、邪蕩、拜偶像、邪術、仇恨、爭競、忌恨、惱怒、結黨、紛爭、異端、嫉妒、（有古卷在此有兇殺二字）醉酒、荒宴等類的壞習慣和壞念頭，這些都算是死罪。耶穌憐憫你，就派聖靈內住在你的身子，目的是把這些壞習慣和壞念頭除去。從聖靈的那方面來看：因爲聖靈是極爲聖潔的，當祂內住在你的身子後，就不允許你的身子有污穢，因此，祂必然要去除這些污穢，可以稱做「聖靈在潔淨祂的聖殿」吧！

問：還有其他的目的嗎？

答：還有一個目的。就是說信徒雖然明知信耶穌就已經「稱義得救」了，可惜內心還是常會動搖。因此，上帝就差遣聖靈住進你的身子，讓你變成聖靈的殿，給你「得救的信心」。如同上帝先把聖靈這個「物品」抵押給你，將來你終於踏上新天新地的時候，你再將聖靈這個抵押品還給上帝就行了，上帝的目的在於表示祂不會食言，因爲你的確已經稱義得救了，沒有甚麼好懷疑。因此，《聖經》說聖靈就是信徒得救【得基業】的確據，就是這個意思。總而言之，聖靈內住是爲了更加鞏固你稱義得救，讓你更加堅定已經稱義得救的信心。這就是信徒變成聖靈的殿的好處之一。

問：還有沒有其他的目的？

答：還有一個。那就是聖靈要給你一生爲人處事的好處。祂不會只要求你做認罪悔改的義務，祂也給你報償。差不多在認罪悔改時，他會給你的性情上結聖徒保羅所說的「聖靈的果子」。果子雖然只有一個，卻有 9 個要素，那就是「仁愛、喜樂、和平〔平安〕、忍耐、恩慈、良善、信實、溫柔、節制」等九種。這個「聖靈的果子」會帶給你性情的根本改變，使未經教化或教化無效的人，變成一個具有優良品性的人。它是我們爲人處世的基本修養，能使信徒終止損人損己的人生，安居在平安、喜樂中。

一般來說，身子變成聖靈的殿的人，在平日以喜樂和平安最常發生在身上，它們是兩種感覺（情緒）性的東西。喜樂是比較高昂性的情緒，當他高昂到一定的程度，就變成聖靈充滿；沿著喜樂這個面向會連結出仁愛這個比較積極的意念、行爲；平安是比較平靜的情緒，沿著平安的這一個面向，會連結出忍耐、良善、信實、溫柔、節制這些比較平靜的意念、行爲。

總之，喜樂、平安兩種情緒會翻新從前舊人所有亂糟糟的情緒，構築一種新人全新的情緒和行爲。聖靈的果子也就是聖徒保羅所說的「愛」的內容，保羅曾經爲「愛」下了定義，他說：「愛是恆久忍耐，又有恩慈，愛是不嫉妒，愛是不自誇，不張狂，不做害羞的事，不求自己的益處，不輕易發怒，不計算人的惡， 不喜歡不義，只喜歡真理； 凡事包容，凡事相信，凡事盼望，凡事忍耐。 愛是永不止息。」我們注意到，保羅所說的「愛」就被包括在「聖靈的果子」裡面，我們甚至可以把「愛」與「聖靈的果子」等同起來看。

「愛」被聖保羅是為極端重要的東西，他說：「如今常存的有信、有望、有愛這三樣，其中最大的是愛。」由此可見，「聖靈的果子」是信徒的基底實踐，也是「信」「望」的果子；有了它，人才有辦法支撐繼續愛神愛人愛己，缺了它，「信」「望」就沒有結果，只是空談罷了！

問：能不能再說一個目的？

答：好的。還有一個目的，那就是使你有「永生」的覺知。就在你變成聖靈的殿一段日子後，聖靈要你覺知到你是「不死的」。原來，在你變成聖靈的殿後（也就是上帝的新靈被放入你的內在裡後），聖靈會使你的石心變成肉心，舊人變成新人。你舊有的那個會死的、可憐的「老的自我」會消失，「老的自我」所留下來的那個「空缺」會被永存的聖靈進住，成為「新的自我」。由於聖靈是永存的，「新的自我」從此就有了「永生」，你會恍然大悟，原來「人不死」才是正常的，以前所認為的「人會死」只是罪惡的結果，是被歪曲的觀念。

不錯！從肉體來看，這個存在百年的「肉身」是會死的，但是這個「新的自我」卻是可以永存，是無始無終的那種永存，直到永遠永遠。你會真正知道「信耶穌得永生」的實際，你會像何西阿書的作者說：「死亡啊，你的災害在哪裡呢？陰間哪！你的毀滅又在何方呢？」也會像聖保羅驚呼說：「死啊，你得勝的權勢在哪裡？死啊，你的毒鉤在哪裡？」因為死亡早就已經被永生吞滅了！

問：這四個目的真是驚世駭俗，尤其最後一個，真是不可思議。

答；的確是有些驚世駭俗。你還不滿意嗎？

問：不！我覺得非常滿意了。

答：其實，這些都是《聖經》的老話罷了！

——2017、02、07於鹿港

國家圖書館出版品預行編目(CIP)資料

從西港到耶路撒冷：黃金田牧道及以色列紀行／王世勛 著
-- 初版 -- 臺北市：前衛，2017.05
256面：17×23公分
ISBN 978-957-801-819-8（平裝）

1.黃金田 2.基督教傳記 3.教牧學

249.933　　106006062

從西港到耶路撒冷：黃金田牧道及以色列紀行

作　　者　王世勛
責任編輯　劉惠敏
美術編輯　Nico
編輯協力　林雅雯
封面設計　黃聖文
出 版 者　前衛出版社
　　　　　10468 台北市中山區農安街153號4樓之3
　　　　　Tel：02-2586-5708　Fax：02-2586-3758
　　　　　郵撥帳號：05625551
　　　　　E-mail：a4791 @ ms15.hinet.net
　　　　　http：//www.avanguard.com.tw
出版總監　林文欽
法律顧問　南國春秋法律事務所
出版日期　2017年5月初版

總 經 銷　紅螞蟻圖書有限公司
　　　　　台北市內湖舊宗路二段121巷19號
　　　　　Tel：02-2795-3656　Fax：02-2795-4100

定　　價　新台幣350元

Printed in Taiwan　ISBN 978-957-801-819-8